EINE HANDVOLL GLÜCK

50 EINFACHE RITUALE,
DIE DAS LEBEN ERLEICHTERN

INHALT

- - - - - - - - - - - - - - - - - - -

7 KLEINE RITUALE FÜR LEBENSKÜNSTLER
8   Die Finger als Erinnerungszeichen

15 50 RITUALE FÜR DAS TÄGLICHE GLÜCK

16 KLEINER FINGER: WAGEN SIE EINE KLEINE FLUCHT
18 Blicken Sie in den Himmel
20 Hören Sie den Vögeln zu
22 Machen Sie allein Pause
24 Telefonieren Sie im Stehen
26 Misstrauen Sie den Nachrichten
28 Streiten Sie nicht länger als 15 Minuten
30 Genießen Sie die Kirchenglocken
32 Bauen Sie sich eine Duftinsel
34 Kaufen Sie sich ein Mondgrundstück
38 Opfern Sie sich nicht auf

38 RINGFINGER: BEFREIEN SIE SICH
40 Werfen Sie jeden Tag etwas weg
42 Eröffnen Sie eine Verschenk-Abteilung
44 Installieren Sie eine Eingangsschublade
46 Optimieren Sie Ihre Hand- oder Aktentasche
48 Bauen Sie Muskelstrecken in Ihren Alltag ein
50 Lassen Sie sich helfen
52 Seien Sie heute unperfekt
54 Lassen Sie das Abendessen ausfallen
56 Beenden Sie Feindschaften
58 Bauen Sie abends Ihre Morgenstartrampe

60 MITTELFINGER: FINDEN SIE IHRE MITTE

- 62 Wachsen Sie mit Ihrem Atem
- 64 Treiben Sie Mini-Fitness
- 66 Heben Sie das Telefon nicht sofort ab
- 68 Versprechen Sie wenig
- 70 Halten Sie vor dem Essen inne
- 72 Schreiben Sie mit
- 74 Segnen Sie Ihre Umgebung
- 76 Misstrauen Sie dem ersten Eindruck
- 78 Schweigen Sie
- 80 Bleiben Sie nicht, wie Sie sind

82 ZEIGEFINGER: PEILEN SIE EIN ZIEL AN

- 84 Geben Sie dem Tag eine Überschrift
- 86 Machen Sie morgens Ihr Bett
- 88 Verfrühen Sie sich
- 90 Lächeln Sie beim Einschlafen
- 92 Entscheiden Sie vormittags
- 94 Suchen Sie sich einen imaginären Berater
- 96 Sammeln Sie Ihre Wunschbilder
- 98 Sagen Sie weniger »müssen«
- 100 Geben Sie einen Grund an
- 102 Fragen Sie nicht »Warum«

104 DAUMEN: TUN SIE ETWAS!

- 106 Tun Sie etwas Gutes
- 108 Leisten Sie sich ein »Trotzdem«
- 110 Stehen Sie wieder auf
- 112 Meditieren Sie einen Geldschein
- 114 Schreiben Sie Tagebuch
- 116 Umarmen Sie Ihren Partner
- 118 Pflegen Sie Freundschaften
- 120 Schreiben Sie Ihren Stammbaum
- 122 Stiften Sie eine Kerze
- 124 Lieben Sie Ihr Alter

VORWORT

Als ich drei oder vier Jahre alt war, bin ich am Wochenende morgens zu meinem Vater ins Bett gekrabbelt, damit er mit mir »Fahrstuhl« spielte: Ich setzte mich auf seine ausgestreckten Knie und er hob mich langsam nach oben, dazu improvisierte er die Ansagen aus dem Kaufhauslift: »Erster Stock, Herrenbekleidung, zweiter Stock, Spielwaren …« Ich erinnere mich noch heute, wie glücklich ich bei diesem harmlosen Spaß war.

Das ist ein einfaches Beispiel dafür, wie gut einem Rituale tun, also diese wiederkehrenden kleinen

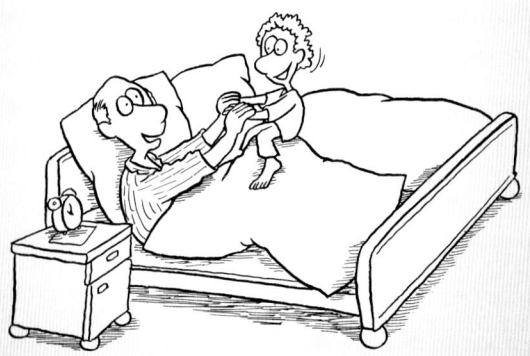

Erlebnisse, Handlungen, Gewohnheiten. Heute weiß ich, wie und warum sie so prima funktionieren: Wenn unser Gehirn etwas Angenehmes erwartet, produziert es unter anderem den Botenstoff Dopamin. Der fühlt sich so gut an, dass wir Menschen regelrecht süchtig danach sind. Wir freuen uns aufs Essen, aufs Trinken, aufs Kaufen bestimmter Dinge, auf Zärtlichkeiten, auf Wärme, auf Lob – oder eben aufs Fahrstuhlspielen im Schlafanzug.

Rituale gibt es in klein und groß, in religiös und weltlich: Taufe, Konfirmation, Hochzeit, Beerdigung genauso wie La Ola im Fußballstadion, Feuerzeug in der nach oben ausgestreckten Hand im Popkonzert. Rituale sind Erkennungszeichen: Junge Menschen begrüßen sich mit »Give Me Five«, ältere mit Handkuss. In Unternehmen ruft man sich ab etwa halb zwölf Uhr mittags »Mahlzeit« zu. In Süddeutschland sagt man »Grüß Gott«, im Rest des Landes »Guten Tag«.

Rituale bringen Struktur und Takt ins Leben. Rituale regeln menschliches Miteinander und drücken in vereinfachter Form Gefühle aus. Sie halten unsere Persönlichkeit zusammen und machen schlicht und ergreifend glücklich – nicht nur beim Fahrstuhlspiel. Um Sie an diesem Glück teilhaben zu lassen, habe ich dieses Buch geschrieben. In diesem Sinne viel Freude und anregende Aha-Erlebnisse wünscht

Werner Tiki Küstenmacher

KLEINE RITUALE

FÜR LEBENS-
KÜNSTLER

Rituale sind wie Pflöcke. Man schlägt sie ein in den Tag und in die Lebenszeit, um im Einerlei des Alltags nicht den Halt zu verlieren.

DIE FINGER ALS ERINNERUNGSZEICHEN

Jeden Morgen, wenn Sie aus dem Bett gestiegen und noch nicht wirklich wach sind, führen Sie unwillkürlich ein paar Rituale durch. In der fast immer gleichen Reihenfolge erledigen Sie die notwendigen Tätigkeiten: Hände waschen, Zähne putzen, duschen, abtrocknen, Medikamente einnehmen, rasieren, Make-up und vieles mehr, damit Sie nichts vergessen.
In diesem Büchlein lernen Sie neue und alte Rituale kennen, die ein wenig wegführen von diesen profanen Alltagstätigkeiten. Mit ihrer Hilfe erinnern Sie sich an wichtige innere Einstellungen: dankbar sein, sich von anderen Menschen nicht herumschubsen lassen, zu den eigenen Stärken stehen und viele andere mentale Übungen, die Sie wirksam vor innerer Leere schützen.
Diese 50 Rituale sind aufgeteilt in fünf Themenbereiche, die die wesentlichen Grundideen für ein erfülltes und glückliches Leben abdecken: kurze Auszeiten, Loslassen, die eigene Mitte finden, Ziele anvisieren sowie Handeln und Dankbarkeit.
Wenn Ihnen beim Lesen eines der neuen Rituale einleuchtet und Sie es in Ihren Alltag einbauen möchten, ergibt sich häufig ein banales Problem: Sie denken nicht mehr daran. Ähnlich wie bei einem

guten Witz: Wenn Sie ihn weitererzählen möchten, merken Sie, dass Sie ihn vergessen haben. Deswegen habe ich als Merkhilfe diese Themen verbunden mit den fünf Fingern: So können Sie sich im Notfall auch ohne dieses Buch – mithilfe Ihrer Hand – an die fünf Grundthemen erinnern. Das Verfahren hat sich schon im Mittelalter bewährt. Der belgische Mönch Mauburnus hat um 1500 herum einen »Handpsalter« entwickelt, mit dem sich zum Beispiel Martin Luther beim Beten die verschiedenen Schritte seiner täglichen Meditationsübungen gemerkt hat.

Rituale lassen den Tag gelingen

Aber Rituale bedeuten keinesfalls, dass Sie Ihr Leben durchplanen und strukturieren wie einen Eisenbahnfahrplan! Im Gegenteil: Mit den in diesem Büchlein beschriebenen Erinnerungszeichen werden Sie Ihre Tage freier und kreativer gestalten. Sie werden ein Gefühl dafür bekommen, dass die vor Ihnen liegende Zeit ist wie eine leere Leinwand, auf der Sie Ihre unverwechselbaren, überraschenden und wunderschönen Lebenslinien malen werden.

Die ersten zehn Rituale kreisen um das Thema »kleine Flucht« und das heißt: Runter von den Schienen! Raus aus dem alten Trott! Also Zaunpfähle, die Sie ermuntern, über den Zaun zu klettern. Hinweisschilder, auf denen steht: »Schwimm mal gegen den Strom!« Kleine Strohhalme, an denen Sie sich aus dem Strudel des Gebrauchtwerdens retten können. Weil das Adjektiv »klein« bei dieser Aufzählung so oft vorkam, ist das Erinnerungszeichen dafür der kleine Finger.

Rituale erleichtern Abschiede

In manchen Lebensabschnitten sind Rituale ganz besonders wichtig: Wenn ein Mensch seinen Wohnort wechselt oder seine Bezugsperson. Wenn er mit seinem Liebespartner zusammenzieht und von zu Hause weggeht. Wenn er die Schule verlässt oder das Unternehmen, bei dem er gearbeitet hat. Wenn ein Mensch stirbt. Das gemeinsame Thema dieser Situationen heißt Abschied. Das ist die ganz große Stunde für Rituale und wahrscheinlich entstanden die ersten Rituale bei solchen Gelegenheiten.

So schmerzlich ein Abschied auch ist, immer eröffnet sich danach etwas Neues. Eine Tür geht zu, eine andere geht auf. Der Ringfinger dient bei diesem Kapitel als

Gedächtnisstütze: So wie ein Ring für Bindung und Verbindung steht, geht es um Abschiednehmen, Loslassen, Entrümpeln.

Rituale geben dem Alltag Bedeutung

Als Willy Brandt 1970 in Warschau das Mahnmal für die Opfer des Ghettos besuchte, fiel er auf die Knie und tat mit dieser Geste mehr für die polnisch-deutschen Beziehungen als mit den Verträgen, die er danach unterzeichnete. Papst Johannes Paul II. hat bei seinen Reisen die orientalische Sitte wieder aufleben lassen, als Zeichen der Ehrerbietung vor den Bewohnern des Landes bei der Ankunft den Boden zu küssen. Der Inhalt seiner Predigten ist vergessen, an den Kuss auf dem Rollfeld erinnern sich die Menschen noch jahrzehntelang. Solche Rituale sind wie Ausrufezeichen, wie große Hinweisschilder: Schaut her! Das ist wichtig! Die eigene Mitte finden, die Mitte einer Familie, einer Gemeinschaft, einer Firma, eines Vereins. Um diesen Aspekt geht es bei den zehn Ritualen im mittleren Kapitel mit dem Erinnerungszeichen Mittelfinger: Rituale der Ruhe und Sammlung, Wahrnehmen statt Handeln, Hören statt Reden, Vorbereiten statt Starten. Unterscheiden zwischen wichtig und unwichtig, Hauptsache und Ablenkung, Sinn und Unsinn.

Rituale geben Sinn

Das Gefühl der Sinnlosigkeit kann einen erwischen wie eine Erkältung. Plötzlich ist das Selbstverständliche nicht mehr selbstverständlich. Man fragt sich: Was soll ich tun? Wo soll ich hin? Was will ich eigentlich?
Dann ist die folgende Lebensweisheit wichtig: Sinn muss nicht groß sein. Er kommt oft verblüffend klein daher.
Im Strudel der Orientierungslosigkeit suchen Menschen häufig nach der allumfassenden Antwort aller Antworten, nach dem großen Wohin und Woher des Universums. Sie halten Ausschau nach dem höchsten Lebensziel und dabei sind sie vor allem auf der Suche nach dem nächsten Schritt.
Da werden Ihnen die nächsten zehn Rituale helfen, die symbolisiert werden durch den Zeigefinger: eine Richtung sehen mitten im Meer der Möglichkeiten, einen Durchgang entdecken in der Mauer der Unmöglichkeiten, Sinn finden im wuseligen Alltag.

Rituale führen in die Tiefe

Bleibt noch der Daumen. Der nach oben gereckte fünfte Finger signalisiert: Alles in Ordnung! Okay! Piloten zeigen ihn vor dem Start, um allen klar zu machen: Es kann losgehen! Nach gelungener kleiner Flucht und guter Rückkehr, erfolgreichem Loslas-

sen, gefundener innerer Mitte und klar definiertem nächsten Schritt heißt es jetzt: Handeln!
Die letzten zehn Rituale sind entsprechend aktiv gestaltet. Darunter werden Sie ein paar Übungen finden zu einem weiteren Aspekt, der sich heimlich durch alle Rituale dieses Büchleins zieht: Dankbarkeit. Es gibt in unserem Kulturkreis keine Handbewegung dafür. Höchstens vielleicht den Händedruck: »Ich kann jetzt wieder etwas tun.« »Du hast mir Handlungsspielraum gegeben.«

Entdecken Sie Ihre Rituale

Vielleicht finden Sie beim Lesen auf Anhieb ein paar Lieblingsrituale, bei denen Sie sich sagen: »Ja, das baue ich ab sofort in mein Leben ein!« Oder Sie ahnen bei dem einen oder anderen Ritual, dass es eines Tages für Sie wichtig werden könnte.

Ein neues Ritual in den Alltag einzubauen, kann einen wichtigen Wendepunkt in Ihrem Leben einleiten. Unser Dasein ist keine gerade Linie, sondern eher eine unregelmäßig geformte Welle, mit ruhigen Abschnitten und wild gezackten Etappen. Einige der hier vorgestellten Übungen sind gut geeignet, um besondere Herausforderungen besser zu überstehen. Andere sind dafür gedacht, damit Sie in allzu faden Zeiten wieder reizvolle Herausforderungen erleben.

50 RITUALE

FÜR DAS TÄGLICHE GLÜCK

50 Rituale sind eine Menge. Doch es ist nicht so gemeint, dass Sie alle Rituale durchführen sollen. Machen Sie es wie kluge Feinschmecker am Buffet: Nehmen Sie nur, was Ihnen wirklich schmeckt. Probieren Sie erst einmal.

DER KLEINE FINGER

WAGEN SIE EINE KLEINE FLUCHT

Die Grundidee der Rituale, die mit dem kleinen Finger als Merkhilfe verbunden sind, ist eine kleine Flucht. Ein kurzes Beiseitetreten. Aus der Schusslinie gehen. Die Perspektive wechseln. Allen Beteiligten signalisieren, dass Sie beim aktuell laufenden Irrsinn nicht länger mitspielen.

Die Produkte unserer Industrie werden immer perfekter, die Herstellungsmethoden immer effizienter. Auch die Menschen, die solche Sachen erfinden, weiterentwickeln, produzieren, verkaufen, müssen in diesem globalen Optimierungsfeldzug immer besser werden, immer effektiver, immer belastbarer. Das halten der stärkste Kerl und die strebsamste Frau nicht aus. Irgendwann reicht's. Dann ziehen Körper oder Seele die Notbremse: Hexenschuss, Hörsturz, Sehstörung, Herzinfarkt, Schlaganfall, Depression, Halluzinationen, Burnout. Warum? Weil wir vorher nicht auf die normale Bremse gestiegen sind und einmal gesagt haben: Pause! Genug für heute. Ich bin dann mal weg. Ohne mich.
Senken Sie Ihre Belastungsgrenze. Schuften Sie nicht weiter bis zum Umfallen, sondern machen Sie sich schon vorher vom Acker. Sie brauchen kein Aussteiger zu werden und alles hinzuwerfen. Rechtzeitig das richtige Maß finden, eine Pause einlegen, das kann für den Moment schon Ihre Rettung sein.

BLICKEN SIE IN DEN HIMMEL

»Das bedrückt mich«, sagen Menschen, wenn sie sich Sorgen machen oder eine schwierige Aufgabe vor sich haben. Wir verdeutlichen seelische Zustände gern mit Bildern, die eine Körpererfahrung beschreiben. Umgekehrt reagieren die für Emotionen zuständigen Regionen unseres Gehirns positiv auf angenehme körperliche Erfahrungen. So märchenhaft das auch klingen mag: Sie können Ihre Psyche durch Ihren Körper beeinflussen.

Gegen Sorgen hilft eine Empfindung von Leichtigkeit und Weite. Besonders bewährt hat es sich, unter freien Himmel zu gehen. Im Freien zu stehen, mit der Weite des Universums über uns, das ist in unse-

rem urzeitlichen Emotionsspeicher abgelegt unter »angenehm«. Eine Höhle hat unseren Vorfahren Schutz bei Gefahr geboten. Aber für allzu lange Aufenthalte in geschlossenen Räumen sind wir nicht konzipiert. Die meisten Menschen verbringen heutzutage viel zu viel Zeit unter niedrigen Decken: zu Hause, bei der Arbeit, im Auto, in öffentlichen Verkehrsmitteln. In den Städten versperren hohe Gebäude auch unter freiem Himmel das Erlebnis von Freiheit und Weite.

Kleiner-Finger-Ritual 1:

Gewöhnen Sie sich an, in stressigen Situationen oder bei innerem Druck das Zimmer zu verlassen und den Kontakt zum freien Himmel zu suchen. Sehen Sie nach oben. Selbst wenn dort nur eine geschlossene Wolkendecke liegt, ist sie doch unvergleichlich weiter entfernt als die Decke in dem Zimmer, das Sie gerade verlassen haben.

Bauen Sie in den Weg zum Arbeitsplatz Abschnitte ein, bei denen Sie dieses Gefühl von Weite und Himmel erleben können. Der Geschäftsführer eines mittelgroßen Unternehmens hat mir erzählt, dass er den klassischen Chefparkplatz direkt neben dem Hauptportal abgeschafft hat. Nun parkt er irgendwo und schlendert jeden Morgen über den Firmenparkplatz. Er genießt den Blick auf sein Unternehmensgebäude und den Himmel darüber.

HÖREN SIE DEN VÖGELN ZU

Der Gesang der Vögel tut uns Menschen gut. Das ist tief in unserer Seele gespeichert, aus gutem Grund: Denn das Zirpen, Zwitschern, Pfeifen und Tirilieren ist mehr als nur eine Kommunikation unter Artgenossen. Die Gesamtheit der Warnrufe und Melodien bildet in der Natur einen fast immerwährenden Klangteppich. Er dient vielen Tieren als akustisches Navigationssystem, längst nicht nur den Vögeln. Als unsere frühen Vorfahren unter freiem Himmel lebten, benutzten sie diese allgegenwärtige Informationsquelle mit. Sie besteht aus »Harmonie und Alarm«, wie der Allgäuer Vogelspezialist Ralph Müller es nennt. Der friedliche Vogelgesang hat schon

den Jägern und Sammlern in der Frühgeschichte signalisiert: Alles in Ordnung. Du kannst dich entspannen, es droht keine unmittelbare Gefahr durch Raubtiere oder andere Angreifer. Die werden sofort durch warnende Vogelstimmen angekündigt. Ein hochfrequentes Zirpen signalisiert Gefahr aus der Luft, also durch Raubvögel. Nerviges Geschnatter warnt vor Feinden auf vier Pfoten. Diese Warnungen werden von den Vögeln in der Nähe übernommen, breiten sich wie Ringe auf dem Wasser aus und bilden so ein perfektes Frühwarnsystem. Bei uns in Deutschland leben auch in den Großstädten genügend Vögel, um während der wärmeren Monate für so einen Klangteppich zu sorgen.

Kleiner-Finger-Ritual 2:

Achten Sie darauf, wann und wo Sie Vögel hören. Suchen Sie in der Mittagspause gezielt Orte auf, an denen Sie Vogelstimmen lauschen können. Genießen Sie es, wenn nach dem Winter die ersten Piepmätze vernehmbar sind. Entdecken Sie, wie Komponisten (vielleicht unwillkürlich) in klassischen Musikstücken und sogar in mancher Rockballade Melodiefiguren aus dem Vogelgesang verwenden. In unserem seelischen Betriebssystem sind sie als akustische Marker für Harmonie zutiefst verankert – und deshalb die ideale Begleitmusik für eine gesunde kleine Flucht aus dem Alltag.

MACHEN SIE ALLEIN PAUSE

Das Zwischenfrühstück am späten Vormittag, die Mittagspause, das Teestündchen am Nachmittag und so manche andere Pause im Arbeitsalltag – das sind in der Regel alles Gemeinschaftserlebnisse. Man spricht miteinander, tauscht den neuesten Tratsch aus und genießt das gute Gefühl, zu einer Gemeinschaft zu gehören. Doch jeder Kontakt mit Menschen ermüdet. Wer keine Zeit mit sich allein verbringt, trocknet innerlich aus. Denn auch das ist eine wichtige menschliche Kunst: sich nicht nur von außen steuern zu lassen, sondern in sich hineinzuhören, um die eigenen Bedürfnisse zu spüren.

Kleiner-Finger-Ritual 3:

Reservieren Sie mindestens einmal am Tag eine kurze Pause ganz für sich allein. Gönnen Sie sich eine kleine Flucht aus dem Getriebe. Suchen Sie sich eine Zeit und einen Ort, an dem Sie sich erholen vom sozialen Grundrauschen und dem Lärm ständigen Zusammenseins. Auch wenn Sie einen eher einsamen Arbeitsplatz haben und sich nach den Pausen mit Kolleginnen und Kollegen sehnen – es ist gut, einmal während des Arbeitstages abseits vom Job mit sich selbst in Dialog zu treten.
Lassen Sie sich von Ihrem kleinen Finger daran erinnern: »Hey, ich bin auch noch da.« Gerade wenn

Egoismus für Sie ein Schimpfwort ist und Sie dazu erzogen wurden, ganz für andere da zu sein: Bauen Sie ein Ich-bin-auch-noch-da-Ritual in Ihren Alltag ein und denken Sie am Abend dankbar an diese Minuten zurück: »Ich habe mich heute von der Routine nicht auffressen lassen.«

Suchen Sie sich einen Lieblingsplatz, an dem Sie Ihre einsame Pause verbringen können, wie zum Beispiel eine Ecke in einem leeren Sitzungssaal, im Freien vor der Tür, einen Ort in der Natur, etwa in der Nähe eines Flusses oder unter einem Baum, den Sie zu Ihrem Lieblingsbaum erklären. Gut geeignet sind eine leere Kirche oder der Hof eines alten Gebäudes – Möglichkeiten gibt es viele. Legen Sie sich auf eine davon fest, machen Sie diesen Platz zu Ihrem bevorzugten kleinen Fluchtort.

TELEFONIEREN SIE IM STEHEN

Viele Menschen kennen das irritierende Gefühl, wenn sie mit jemandem telefonieren und merken: Der macht noch etwas anderes nebenbei. Er liest seine Mails, Mausklicks deuten auf ein Computerspiel oder fröhliches Surfen im Internet. Ich mag es auch nicht, wenn mich jemand hinter dem Lenkrad seines Autos sitzend anruft. Er ist – hoffentlich! – nur halb bei mir und achtet mit dem Hauptanteil seines Gehirns auf den Straßenverkehr.

Kleiner-Finger-Ritual 4:

Damit Sie nicht selbst in Versuchung kommen, sich nebenher abzulenken, gewöhnen Sie sich das folgende hocheffiziente Ritual an: Wenn das Telefon klingelt, stehen Sie auf! Das gilt ebenso, wenn Sie

> **TIPP**
>
> ### INFORMIEREN STATT PLAUDERN
>
> Trauen Sie sich, verführerische Plaudereinladungen wie das berühmte »Wie geht's denn so?« freundlich, aber bestimmt abzuwürgen. Denn die wesentlichen sachlichen Inhalte lassen sich in der Regel in 30 Sekunden übertragen. Ist Ihr Gegenüber diese Botschaft losgeworden, hat er oder sie meist kaum noch große Lust zum langen Schwätzen. Beenden Sie das Gespräch möglichst heiter und emotional, dann bleiben Sie dem Anrufer angenehm in Erinnerung.

jemanden aktiv anrufen. Eine winzige Flucht, etwa 60 cm nach oben, mit einer Vielzahl von Vorteilen:

* Stehend sind Sie weiter weg von den Ablenkungen des Bildschirms und auf dem Schreibtisch.
* Im Stehen klingt Ihre Stimme straffer. Sie wirken dynamischer, Ihr Gesprächspartner kommt schneller zur Sache. Stehend geführte Telefonate gehen nachweislich schneller und sind präziser.
* Aufstehen ist gut für Ihren Bewegungsapparat. Ein australisches Wissenschaftlerteam kam zu einem klaren Ergebnis: Wer während des Alltags öfter aufstand, war schlanker und gesünder. Erstaunlicherweise ergab sich dieser positive Effekt bereits bei kurzen Stehpausen und war auch bei Menschen spürbar, die sonst keinerlei Sport trieben.

MISSTRAUEN SIE DEN NACHRICHTEN

Viele Menschen lesen, hören und sehen Tag für Tag die Nachrichten aus aller Welt. Katastrophen von allen Ecken der Erde, drohende oder bereits eingetretene Gefahren, alles in Kurzform, eingedampft auf das angeblich Wesentliche. Die leider meist übersehene Folge: Der Extrakt der gesammelten Schwierigkeiten des Globus verzerrt Ihre Wahrnehmung der Wirklichkeit.

Kleiner-Finger-Ritual 5:

Wenn Sie ein typisches Nachrichten-Ritual haben (morgens Radio, tagsüber Bild-Zeitung oder abends Tagesthemen) –, lassen Sie es probeweise mindestens eine Woche lang weg. Wenn etwas wirklich Welterschütterndes passiert, werden Ihre Mitmenschen Ihnen davon berichten. Konzentrieren Sie

sich auf Informationen aus erster Hand, lesen Sie Hintergrundberichte, hören Sie ausführliche Analysen in einem guten Wortradio.

Dabei haben Sie die Forschungsergebnisse der Neurobiologie auf Ihrer Seite: Unser Gehirn reagiert unverhältnismäßig heftig auf schockierende, skandalöse, personenbezogene Reize – aber unverhältnismäßig schwach auf komplexe und differenzierte Informationen. Deswegen blendet Nachrichtenjournalismus zwangsläufig alles Feinsinnige und Widersprüchliche aus. Man braucht klare Gegensätze, Gut und Böse, Wohltäter und Schurken. Man hat ja nicht viel Sendezeit.

Aber die Wirklichkeit ist nicht so. Sie ist viel komplexer. In der Realität haben oft beide Seiten recht. Menschen tun gleichzeitig das Richtige und das Falsche. Es gibt für viele Probleme keine Lösungen, schon gar keine einfachen.

Dieses Ritual will nicht zum Totalverzicht auf Nachrichten aufrufen oder billige Journalistenschelte sein. Doch verwechseln Sie diese eigenartige Mixtur, an die wir uns so gewöhnt haben, nicht mit der Realität. Das ist schon der klugen Witzfigur Graf Bobby aufgefallen. Der hat sich gewundert, dass jeden Tag genau so viel passiert, wie in eine Nachrichtensendung hineinpasst. Und dass selbst nach dem Bericht über einen Kriegsausbruch am Ende noch Platz ist für die Fußballergebnisse.

STREITEN SIE NICHT LÄNGER ALS 15 MINUTEN

Eine kleine Flucht ist besonders segensreich, wenn Sie damit die Eskalation eines Streits unterbrechen. Vor allem bei Auseinandersetzungen mit Ihrem Ehe- oder Lebenspartner sollten Sie bestimmte Regeln einhalten, damit nicht aus jeder Mücke ein Elefant wird. Kleine Meinungsverschiedenheiten, eigentlich das Normalste der Welt, können sich nämlich in Partnerschaften aufschaukeln zu großen, zerstörerischen Monstern.

Im deutschen Strafrecht verjähren Diebstahl oder schwerer Betrug nach fünf Jahren. Sogar Totschlag ist spätestens nach 30 Jahren juristisch erledigt – in einer Ehe aber werden winzige Vergehen oft noch nach Jahrzehnten hervorgekramt und dem anderen wie eine frische Verletzung vorgehalten.

Kleiner-Finger-Ritual 6:

Vereinbaren Sie mit dem Menschen, den Sie lieben: Wenn wir uns streiten, dann streiten wir uns maximal 15 Minuten lang. Das ist ein von unzähligen Paartherapeuten erprobter Zeitraum. Er bedeutet: Nicht immer gleich weglaufen, wenn es eine Meinungsverschiedenheit gibt. Eine Viertelstunde lang hält das jeder aus. Aber danach darf einer – oder beide – die Flucht antreten. Denn bis dahin ist das Wesentliche gesagt. Danach steigt die Gefahr, dass Sie vom Hölzchen aufs Stöckchen kommen, alte schmutzige Wäsche herauszerren und über Erlebnisse streiten, die längst der Vergangenheit angehören und dort bleiben sollten.

Wie sinnvoll dieses 15-Minuten-Ritual ist, bestätigen Kriminologen. Die meisten »Beziehungstaten« wie Mord, Totschlag, schwere Körperverletzung ereignen sich so gut wie immer nach Streitereien, die deutlich länger dauern als eine Viertelstunde. Wo wir gerade dabei sind, ein Rat eines erfahrenen Kriminalpolizisten: Streiten Sie sich, wo Sie wollen, aber nicht in der Küche. Da sind die meisten Waffen.

GENIESSEN SIE DIE KIRCHENGLOCKEN

Als ich evangelische Theologie studiert und mich auf den Beruf des Gemeindepfarrers vorbereitet habe, absolvierte ich ein mehrwöchiges Praktikum in einer mittelfränkischen Kirchengemeinde. Ich übernachtete im Pfarrhaus und direkt vor meinem Fenster schlug regelmäßig die Kirchturmuhr. Nie hätte ich gedacht, wie gut mir das tun würde: ein friedliches, vertrautes, schützendes Gefühl.

Ich bin überzeugt, dass Stille für Menschen entscheidend wichtig ist. Die reine Stille jedoch lässt sich besonders gut genießen, wenn sie unterbrochen wird von vereinzelten, aber vertrauten Geräuschen. Meister der japanischen Gartenbaukunst installieren

TIPP

SMILEY ALS ZEITRITUAL

Andreas Glock, bekannt durch seine Website bohnenzaehler.de, freut sich jeden Tag mindestens dreimal: Immer wenn die Zeiger seiner Uhr ein lachendes Gesicht ergeben, also vormittags um 10 nach 10, nachmittags um 10 vor 2 und noch einmal nachts um 10 nach 22 Uhr. Am Anfang habe ich mich darüber gewundert, aber dann habe ich gemerkt, was für ein netter Einfall es ist, sich auf mechanische Weise mehrmals am Tag gute Laune zu verordnen.

Brunnen, bei denen sich ein Bambusgefäß füllt und nach einem immer gleichen Zeitraum ein zartes Klappergeräusch von sich gibt.

Kleiner-Finger-Ritual 7:

Nutzen Sie den Klang von Kirchenglocken, Glockenspielen oder anderen wiederkehrenden Tönen, um dankbar zu sein für die Zeit, die Ihnen geschenkt ist. Oder denken Sie sich ein anderes Zeitritual aus. Bei vielen Techniken, die zu einer spirituellen Erfahrung führen sollen, kommt es ganz wesentlich auf solche Unterbrechungsübungen an. Wenn Sie sich vornehmen, zu einer bestimmten Zeit etwas Bestimmtes zu tun, trainieren Sie einen entscheidenden mentalen Muskel: Ihre Kraft der Konzentration. Statt über die vielen Ablenkungen des Alltags zu klagen, bauen Sie besser regelmäßige kleine Fluchten in den Tag ein, um das Bewusstsein zu stärken. Das hilft, vom Objekt zum Subjekt zu werden, vom Gelebtwerden zum aktiven Leben zu finden.

BAUEN SIE SICH EINE DUFTINSEL

Unsere Sinnesorgane sind über Nervenleitungen mit unserem Gehirn verbunden. Oft müssen die Signale viele Zwischenstationen durchlaufen, bis sie im zentralen Gehirn ankommen. Einer unserer Sinne aber ist direkt mit dem Gehirn verbunden: der Geruchssinn. Eine entscheidende Rolle spielt er bei der Partnerfindung. Immer wieder erzählen mir Männer und Frauen, die ihren Partner über das Internet finden wollten, sie glaubten, per E-Mail und Telefon den idealen gefunden zu haben. Aber bei der ersten persönlichen Begegnung war ihnen sofort klar: Unmöglich. Den kann ich nicht riechen.
Umgekehrt können Sie mithilfe des richtigen Dufts in Sekundenschnelle eine erholsame kleine Flucht organisieren. Unser Erinnerungsvermögen ver-

knüpft Düfte zuverlässig mit Orten: das noble Eau de Toilette in dem herrlichen Ferienhotel. Der herbe Duft von Vaters Rasierwasser. Ja, mancher erinnert sich sogar noch an sein Babyöl.

Kleiner-Finger-Ritual 8:

Gute Düfte bilden Wohlfühlinseln. Schaffen Sie sich »immer der Nase nach« einen Rückzugsort. Möglichkeiten gibt es viele: Duftkerzen, Duftlampen, Duftöle auf Tüchern oder Steinen; Blumen, Holz, Moos und andere Stoffe aus der Natur.

Eine Frau berichtete mir, dass sie sich in besonders deprimierenden Phasen ihres Lebens immer eine neue Lederjacke gekauft hat, weil sie der Duft von frischem Leder so tröstet. Er erinnert sie an irgendein heute nicht mehr exakt identifizierbares, aber wunderbares Kindheitserlebnis.

Eine andere Dame hat auf Reisen immer einen kleinen Zerstäuber dabei, mit dem sie vor dem Betreten einer Eisenbahntoilette oder eines öffentlichen WC den dort herrschenden unschönen Geruch überdeckt. So schafft sie sich auf die Schnelle ihren privaten, persönlichen Duftraum.

Eine natürliche Duftinsel ist auch Ihr allmorgendlicher Gang ins Badezimmer. Sparen Sie nicht an der Seife, mit der Sie sich waschen. Unterschätzen Sie nicht die Wirkung solcher Miniausflüge in eine angenehme Sinneswelt.

KAUFEN SIE SICH EIN MONDGRUNDSTÜCK

Eigentlich wollte ich dieses neunte Ritual nennen: »Tun Sie etwas Verrücktes.« Aber am schönsten lässt sich das an einer konkreten Verrücktheit darstellen. Vor vielen Jahren stieß ich auf den Kalifornier Dennis Hope, der sich im Grundbuch von San Francisco als Besitzer des Mondes eintragen ließ. Da niemand widersprach, betrachtet er sich als lunarer Grundbesitzer und verkauft Mondgrundstücke. Riesige Parzellen von sieben Millionen Quadratmetern Größe, alle auf der Mondvorderseite, also mit Erdblick. Und das zum moderaten Preis von insgesamt 25 US-Dollar. Ich habe mir gleich eins gesichert und diesen Kauf nie bereut.

Seit ich die 700 Hektar Sandboden auf unserem Nachbartrabanten mein Eigen nenne, sehe ich abends den Mond mit neuen Augen. Mit einem Blick weiß ich, ob mein Lunarkiez, der Südhang des Kraters Gassendi im Mare Humorum, gerade im Sonnenlicht schmort oder im Schatten friert. Aus dem belanglosen Hochgucken in den Abendhimmel ist ein engagiert forschender Blick geworden, und das letztlich durch eine Idee. Völkerrechtlich bindenden Charakter hat die liebevoll bedruckte Pappe sicher nicht, die ich für meine Überweisung an Mr. Hope erhalten habe. Trotzdem wirken solche Verrücktheiten – vorausgesetzt, Sie überwinden Ihre schrecklich vernünftigen inneren Stimmen, die Sie vor so einer irrationalen Geldausgabe warnen.

Kleiner-Finger-Ritual 9:

Sie müssen nicht jeden Quatsch mitmachen. Aber ab und zu etwas Unvernünftiges wagen, sich einen Spleen leisten, eine Marotte kultivieren – daraus kann eine sehr heilsame, immer wieder gelingende kleine Flucht werden.
Eine alte Weisheit sagt: »Mit einem Steckenpferd kann man über den Abgrund reiten.« Da ist etwas Wahres dran. Vielleicht haben Sie einen Tick, der so absonderlich ist, dass Sie niemandem davon erzählen möchten. Brauchen Sie auch nicht. Manchmal kann eine Verrücktheit eine höchst vernünftige Flucht sein – Hauptsache, Sie fliehen nicht für immer.

OPFERN SIE SICH NICHT AUF

»Bitte zum Sommerfest selbst gemachte Marmelade und selbst gebackenen Kuchen mitbringen« stand auf der gut gemeinten Einladung der »Kita Rappelkiste«. Meine Frau und ich waren darüber ziemlich genervt. Jetzt wird von den berufstätigen Eltern, die mit schlechtem Gewissen ihr Kind den ganzen Tag von anderen Menschen betreuen lassen, auch noch erwartet, dass sie in der knapp bemessenen Familienzeit Obst einkochen und Kuchenteig rühren! »Selbst gemacht ist gut«, auf diese schlichte Formel lässt sich die herrschende Massenmeinung bringen. »Gekauft« oder »industriell« dagegen ist schlecht. Im Einzelfall kann es genau umgekehrt sein. Niemand weiß, welche angegammelten Früchte da zu hausgemachter Konfitüre verkocht wurden oder

welche ungewaschenen Kinderpfoten stundenlang im Plätzchenteig herumgemanscht haben.
Woher aber mag diese Verherrlichung des Selbstgemachten kommen? Psychologen nennen es »Aufwandsbegründung«: Wir empfinden das als wertvoller, wofür wir selbst erhöhten Aufwand betreiben mussten. Einen selbst gestrickten Pullover gibt man nur ungern in die Kleidersammlung. Für ein selbst restauriertes Motorrad verlangt der Hobbymechaniker völlig überhöhte Preise.

Kleiner-Finger-Ritual 10:

Sehen Sie Ihre eigenen Leistungen nüchtern und mit Abstand. Es ist nicht wichtig, wie sehr Sie gelitten haben beim Nähen der Jacke für Ihren Mann, sondern wie das gute Stück objektiv aussieht. Beim Essen schmeckt es am Ende doch keiner, ob Sie die Tomaten in heißem Wasser abgebrüht, von Hand geschält und gewürfelt – oder einfach nur eine Dose geöffnet haben. Um für andere Menschen in menschenfreundlicher Weise da sein zu können, dürfen Sie sich nicht kaputtmachen. Die Liebe zu den anderen verpflichtet Sie sogar dazu, so gut auf sich selbst zu achten, dass Sie auch in Zukunft für Ihre Lieben da sein können. Das kann auch bedeuten, dem sozialen Druck zu entfliehen und auf den Tisch beim Sommerfest mutig und ohne schlechtes Gewissen einen gekauften Apfelkuchen zu stellen.

DER RINGFINGER

BEFREIEN SIE SICH

Loslassen, Entrümpeln, Abschied nehmen – das ist die Leitmelodie der nächsten zehn Rituale. Ich habe vor vielen Jahren entdeckt, dass Außen- und Innenwelt eng verbunden sind. Wenn ich meinen übervollen Schreibtisch oder eine Schublade aufgeräumt hatte – dann hatte ich nicht nur Platz gewonnen, sondern fühlte mich auch innerlich besser.

Die Befreiungsrituale des Ringfingers starten mit dem Weggeben und Ordnen der vielen Sachen, die Sie besitzen. Es geht nicht darum, alles wegzugeben und mittellos in völlig leeren Räumen das Leben eines Zen-Mönchs zu führen. Aber allein schon das Wegwerfen der unnötigen Gegenstände, die uns nerven, scheitert an den eigenartigsten Blockaden. Es gibt viele Möglichkeiten der Entsorgung, aber nicht unendlich viele. Streng genommen sind es nur drei: wegwerfen, verschenken, verkaufen.
90 Prozent Ihrer nervigen Sachen werden Sie einfach nur wegwerfen und auf sinnvolles Recycling hoffen. Maximal 9 Prozent kann noch jemand brauchen und nimmt es gratis entgegen. Für nicht einmal 1 Prozent Ihrer Dinge werden Sie einen Käufer finden. Das ergibt zusammen 99,9 Prozent. Was ist mit dem verbleibenden Tausendstel? Das erinnert daran, dass es beim Abschied von Dingen keine 100-Prozent-Lösung gibt. Niemals.

WERFEN SIE JEDEN TAG ETWAS WEG

»Oh je, so viele Sachen!«, seufzen viele Menschen, wenn sie ihren Haushalt betrachten, ihren Schreibtisch, ihren Kleiderschrank, ihren Keller oder ihren Arbeitsplatz. Dann reift ein großer Plan: Ja, eine gewaltige Aktion müsste man lostreten, bei der alles durchgesehen wird, in der jeder Gegenstand auf den Prüfstand kommt und man sich im großen Stil von überflüssigen und unnützen Gegenständen trennt. Im Prinzip ist gegen solche Aktionen gar nichts zu sagen. Aber sie kommen fast nie zustande, denn der zeitliche Aufwand für solche Entrümpelungsgroßprojekte ist erheblich. Sie brauchen dazu mental einen gehörigen Anlauf, und wenn die ersten Probleme auftauchen, wird das große Halali schnell wieder abgeblasen. Die Faustregel lautet: Menschen überschätzen riesige Projekte, doch sie unterschätzen die Kraft der kleinen Schritte.

Ringfinger-Ritual 1:

Gewöhnen Sie sich an, jeden Tag irgendetwas aus Ihrem Haushalt oder von Ihrem Arbeitsplatz hinauszubefördern. Das kann Altpapier sein, unnütze Verpackungen, überflüssige Gegenstände. Es ist wirklich so einfach: Um die Zahl der Gegenstände zu verringern, müssen Sie nur jeden Tag mehr hinaus- als hineintransportieren.

Fragen Sie sich am Ende eines jeden Tages:
* Welche Gegenstände haben heute mein Haus oder meinen Arbeitsplatz verlassen?
* Welche Dinge wurden verschickt, weggeworfen oder anderen mitgegeben?
* Wie viele Gegenstände sind heute in mein Haus erstmals hineingelangt – in Form von Paketen, Briefen, Einkäufen?
* Wie sieht die Bilanz zwischen Eingang und Ausgang heute aus?

Kleine Schritte summieren sich: Schon nach einem Monat haben Sie auf diesem Weg ohne Mühe eine ganze Autoladung weggeschafft!

ERÖFFNEN SIE EINE VERSCHENK-ABTEILUNG

Was ist ein Geschenk? Kommt es auf den materiellen Wert an? Sagt ein Geschenk immer: So viel bist du mir wert? Oder ist es gar eine Art Opfergabe nach dem Motto: Ich habe Geld ausgegeben oder mir die Finger wund gebastelt für dich, habe Unmengen wertvolle Zeit für die Auswahl oder die Anfertigung dieses Geschenks gebraucht.
Ich halte die Idee mit dem Opfer für einen gedanklichen Irrweg. Viel wichtiger ist, dass das Geschenk zum Beschenkten passt und ihn erfreuen wird. Deswegen dürfen Sie ruhig einen Gegenstand, den Sie bereits besitzen, einem anderen schenken.

Ringfinger-Ritual 2:

Errichten Sie in einem Regalfach, einem Schrank, einer großen Schublade oder auch einer Kiste einen Bereich für Dinge, die zu schade sind fürs Wegwerfen, deren Verkauf aber zu umständlich oder unrentabel wäre. Jedes Familienmitglied deponiert dort diese Dinge, und wenn Sie bei jemandem eingeladen sind oder ein Geburtstagsgeschenk brauchen, sehen Sie zuerst in Ihrer familieneigenen Präsentabteilung nach, ob Sie dort etwas Passendes finden. Es ist eine ausgesprochen intelligente Form der Entsorgung von Gegenständen, sie an jemanden weiterzugeben, der sie besser brauchen kann als Sie selbst. Sie können durchaus eine gebrauchte CD, ein gebrauchtes Buch oder eine gebrauchte DVD verschenken, wenn der Gegenstand neuwertig aussieht, auch wenn er nicht mehr eingeschweißt ist.

Haben Sie Ihre eigene Verschenk-Abteilung erst einmal installiert, werden dort immer häufiger auch absolut neuwertige, original verpackte Dinge landen. Sie bekommen etwas geschenkt und brauchen es nicht oder haben es schon. Außerdem gibt es allerlei Kleinigkeiten, lustige Anhänger und anderen Krimskrams, mit dem Sie ein größeres Geschenk noch ein bisschen aufmotzen können. Solche Kuriositäten landen ebenfalls in Ihrer neuen Abteilung. Gehen Sie nicht davon aus, dass die Sachen dort schnell wieder verschwinden. Es kann manchmal ganz schön dauern, bis sich für die nagelneue Harry-Belafonte-CD ein passender Empfänger findet. Aber wenn, dann ist die Freude bei allen groß.

INSTALLIEREN SIE EINE EINGANGSSCHUBLADE

Wo sind meine Schlüssel? Wo ist meine Brille? Wo ist mein Geldbeutel? Das ist die Hitliste der am meisten gesuchten Gegenstände. Mehrere Umfragen zu diesem Thema kamen stets zu ähnlichen Ergebnissen. Suche nach Dingen kostet wertvolle Energie und kostbare Nerven.

Wer immer wieder Sachen verlegt, wertet sich selbst ab (»Ich Schussel!«) und gilt auch bald bei anderen als unzuverlässig und unprofessionell. Umgekehrt erhöhen sich Selbstbewusstsein und Lebensqualität, wenn Sie immer wissen, wo Ihr Schlüsselbund oder Ihr Smartphone stecken. Das Geheimnis für den Weg vom Alltagschaoten zum toporganisierten Lebenskünstler heißt: Rituale.

> **TIPP**
>
> **FESTE PLÄTZE IN DER JACKE**
> Ritualisieren Sie auch die Taschen Ihrer Bekleidung. Linke Tasche in Mantel oder Jacke: Schlüssel oder Schlüsselkarte des Hotels. Rechte Außentasche: Smartphone. Linke Innentasche: Geldbeutel. Rechte Innentasche: Wichtige Dokumente wie Fahrkarte, Boardingpass, Ausweis.

Ringfinger-Ritual 3:

Ritualisieren Sie das Betreten Ihrer Wohnung und das Ankommen an Ihrem Arbeitsplatz. Richten Sie in der Nähe des Eingangs eine Schublade oder ein Fach ein, wo Sie nach dem Hereinkommen alle Alltagsgegenstände hineinlegen, die Sie nicht ständig mit sich herumtragen möchten: Schlüsselbund, Geldbeutel, vielleicht auch Armbanduhr oder Handy. Einen ähnlichen Platz installieren Sie auch an Ihrem Arbeitsplatz, etwa in einer Schublade.

Geben Sie diesem Ort einen eindeutigen und einprägsamen Namen, zum Beispiel »die blaue Schublade« oder »die große goldene Schüssel«. So können Sie anderen schnell mitteilen, wo bestimmte Dinge zu finden sind. Bei mehreren Familienmitgliedern ist es am besten, wenn jeder so einen Eingangsplatz hat. Falls Sie so eine Einteilung für lächerlich oder zwanghaft halten, probieren Sie es wenigstens einmal aus. Nie mehr suchen zu müssen ist ein wunderbares Gefühl!

OPTIMIEREN SIE IHRE HAND- ODER AKTENTASCHE

Die Frau und ihre Handtasche – ein gern benutzter Gag bei Comedians, um Geschlechterunterschiede darzustellen. Frauen sind mit dem Inhalt ihrer Handtasche für fast alle Eventualitäten des Lebens gerüstet, aber dann ist doch die Schachtel mit den Kopfschmerztabletten leer. Bei den Männern gibt es zwei Hauptkategorien. Die einen führen eine Aktentasche mit sich, in der die wesentlichen Hilfsmittel zur Behebung alltäglicher Unbill vorgehalten werden. Die andere Hälfte lehnt solche Vorsorge prinzipiell ab und verlässt sich im Notfall auf andere – Frauen. Oder bringt all den Krimskrams in stark ausgebeulten Hosen- und Jackentaschen unter.

Ringfinger-Ritual 4:

Aufräumen besteht aus einem prinzipiellen Doppelritual. Das gilt fürs Aufräumen der Handtasche ebenso wie fürs Entrümpeln eines Kleiderschranks oder die Neuorganisation der Garage:
1. Alles muss raus!
2. Behälter sauber machen!
Liegt der Inhalt breit und übersichtlich vor Ihnen, sehen Sie schnell, was nie wieder in die Tasche zurückkommen darf.

Das Geheimnis für eine dauerhaft aufgeräumte Tasche: Module, also in der Handtasche weitere Taschen. Fragen Sie danach im Fachgeschäft. Es gibt mittlerweile eine Vielzahl von nicht nur praktischen, sondern auch schicken Reißverschlussbeuteln. Sehen Sie dabei nicht zu sehr aufs Design. Lauter schwarze Modultäschchen mögen schick aussehen, aber praktischer sind sie in verschiedenen Farben, Formen und Größen.

Fassen Sie Ihre Alltagshelfer zu Themengebieten zusammen. Zum Beispiel ein Modul »Kinder«. Hier sind (je nach Alter) kleine Spielzeuge, Pflaster, Butterkekse, Schnuller vorrätig. Wenn Sie ohne Kinder ausgehen, kann dieses Modul zu Hause bleiben. Umpacken von einer Handtasche in die andere geht nun in einer Minute. Weitere Module: Make-up, Reise (Ticket, Ausweis …), Job (Büroschlüssel, Namensschild …), Gesundheit (Tabletten, Notfalltropfen, Impfpass …).

BAUEN SIE MUSKELSTRECKEN IN IHREN ALLTAG EIN

»Sie sollten sich mehr bewegen.« Die Wahrscheinlichkeit ist hoch, dass Ihr Arzt diesen Satz schon einmal zu Ihnen gesagt hat. Oder Sie merken es selbst: Früher waren Sie doch so sportlich, sind viel öfter ins Fitnessstudio gegangen. Ja, Sie hatten sogar eine richtig starke Joggingphase oder ganz früher, als Sie verrückt waren nach Squash oder Tennis … Aber heute gehören Sie zum Heer der Bewegungsarmen, gefährdet von Zivilisationskrankheiten wie Bluthochdruck, Rückenschmerzen, Herzkrankheiten. Die gesamtgesellschaftlichen Kosten, die verursacht werden durch Bewegungsmangel, sind enorm. Pro Jahr sterben laut Weltgesundheitsorganisation an die 600 000 Menschen in Europa an den Folgen von zu wenig körperlicher Bewegung.

Ringfinger-Ritual 5:

Vergessen Sie gute Vorsätze wie »ich werde ab sofort jeden Abend 30 Minuten joggen« oder »am Wochenende will ich mit meinen alten Sportsfreunden wieder wandern gehen«. Viel größere Chancen auf dauerhafte körperliche Bewegung bieten sich in Ihrem beruflichen oder privaten Alltag. Benutzen Sie für Wege innerhalb der Firma keinen Lift mehr, sondern die Treppen. Suchen Sie sich Kollegen, die dabei mitmachen. Benutzen Sie bei annehmbarem Wetter das Fahrrad für den Weg zur Arbeit oder wenigstens für eine Teilstrecke davon. Wenn Sie normalerweise öffentliche Verkehrsmittel in Anspruch nehmen, steigen Sie eine Haltestelle früher aus, gehen Sie ein Stück zu Fuß – und entdecken Sie dabei vielleicht neue Attraktionen.

Um die körperlichen Aktivitäten zu messen, gibt es allerhand technische Hilfsmittel. Egal ob ein Schrittzähler oder eine App für Ihr Smartphone alle Ihre Aktivitäten zählen: Damit erwacht in Ihnen vielleicht der sportliche Ehrgeiz, immer wieder einmal aufzustehen und die müden Knochen zu bewegen. Übrigens: Viele wissenschaftliche Studien zeigen, dass über den normalen Tag verteilte Bewegung gesünder ist als intensiver Sport an zwei oder drei Abenden pro Woche. Also, dann mal los!

LASSEN SIE SICH HELFEN

Sie haben eine Aufgabe übernommen: die Unterseite vom Vordach streichen. Auf der Jahresfeier allein ein Lied vorsingen. 300 Einladungen verschicken. Als Sie zugesagt hatten, wussten Sie: »Ich schaffe das.« Aber nun merken Sie: Um ans Vordach zu kommen, müssen Sie in großer Höhe mit verrenktem Oberkörper arbeiten. Der Song vor den vielen Leuten übersteigt Ihre musikalischen Fähigkeiten. Bei den 300 Adressen steckt der Teufel im Detail, viele sind veraltet, es wird ein Riesenstück Arbeit. Aber Sie haben »ja« gesagt und Sie wurden dabei so bewundernd angeschaut. Das müssen Sie jetzt also durchziehen ... Nein, müssen Sie nicht! Vermeiden Sie Überlastung, grundsätzlich. Haben Sie keine

Angst, deswegen als faul oder bequem zu gelten. Planen Sie klug! Suchen Sie sich Helfer, und zwar rechtzeitig. Am besten gleich am Anfang, solange noch Zeit ist und Sie nach einer Absage genügend Gelegenheit haben, andere zu bitten.

Ringfinger-Ritual 6:

Fragen Sie immer: Muss ich das allein machen? Gibt es nicht andere, die das besser, schneller, müheloser, preiswerter erledigen? Wenn ein Profi das Dach streicht, können Sie in dieser Zeit vielleicht etwas tun, das mehr einbringt, als der Handwerkerlohn kostet. Wenn Sie mit anderen gemeinsam auf der Bühne stehen, ist das vielleicht viel passender als die Idee mit Ihnen als einsamem Solisten. Für die Einladungen gibt es möglicherweise einen Dienstleister, der sich auf solche Jobs spezialisiert hat und das Ganze mit links pünktlich erledigt.

Die Helfer müssen oft nicht einmal Menschen sein. Denken Sie an hilfreiche technische Erfindungen. Bevor Sie etwas Schweres schleppen, fragen Sie sich immer: Lässt sich das nicht auch rollen? Nehmen Sie auch bei kleinen Einkäufen einen Einkaufswagen. Benutzen Sie auf Reisen nur Rollenkoffer. Wenn sich das Heben schwerer Gegenstände nicht vermeiden lässt, suchen Sie sich Helfer. Seien Sie erfinderisch. Befreien Sie sich von der Idee, dass alles immer nur auf Ihren Schultern ruht.

SEIEN SIE HEUTE UNPERFEKT

Die effektivsten Tage im Leben eines Angestellten, das weiß man aus der Arbeitsforschung, sind die beiden letzten Tage vor dem Urlaub. Da schafft jeder noch schnell alles weg, baut die Stapel an Unerledigtem ab und erledigt alles irgendwie, Hauptsache es ist abgehakt. Warum nur vor dem Urlaub? Warum machen die Menschen das nicht immer so?

Der Grund sind in der Regel die hohen Ansprüche, die Sie an Ihre Arbeit stellen. Sie möchten schön und ausführlich auf die Mail antworten – das geht jetzt aber gerade nicht, also wird es verschoben auf später. Sie wollen den Job nicht an jemand anderen delegieren, weil er ihn nicht so perfekt machen würde wie Sie – also machen Sie sich selber dran, doch das kostet wahnsinnig viel Zeit. Lauter ehrenwerte Motive, aber am Ende sind Sie doch genervt, überlastet, unzufrieden.

Ringfinger-Ritual 7:

Warten Sie nicht bis zum nächsten Urlaub, sondern legen Sie immer wieder einmal einen Tag der Unvollkommenheit ein. Heute machen Sie den Weg frei, arbeiten den Stapel Unerledigtes im Akkord ab, pfeifen auf Perfektion. Wenn Sie sonst sehr auf Qualität achten, wird Sie das ganz schön Überwindung kosten. Aber so eine Weg-mit-dem-Zeug-Runde hat

etwas ungeheuer Befreiendes. Viele Menschen entdecken dabei ganz neue Perspektiven: Sie antworten kurz und schlampig – und niemand beschwert sich. Möglicherweise fand Ihr Gegenüber Ihre ausführlichen Erwiderungen viel zu zeitraubend und freut sich, dass Sie auch Zweizeiler schreiben können. Ihre Kollegen sind froh, dass sie auch einmal drankommen und Sie nicht alles an sich reißen.
Es ist ja nicht für immer. Morgen dürfen Sie wieder so detailverliebt und ausführlich sein wie sonst. Aber heute zeigen Sie, dass in Ihnen auch ein Virtuose des Zack-Zack steckt!

LASSEN SIE DAS ABENDESSEN AUSFALLEN

Etliche gesundheitsbewusste Menschen nehmen durch strenge Diäten viel ab – und genauso viel auch wieder zu. Jo-jo-Effekt heißt das und neuere Untersuchungen haben sogar noch eine weitergehende Erkenntnis zu bieten: Diäten sind eher schädlich. Wer durch eine radikale Fastenkur oder Extremdiät viele Pfunde abnimmt, nimmt nach dem Ende der Gewaltmaßnahme bald wieder zu. Beides bedeutet für den Körper Stress. Wenn Sie sich also von überflüssigem Gewicht befreien wollen, gilt beim Thema Ernährung offenbar wie beim Aufräumen: besser regelmäßig geduldige kleine Schritte als vereinzelte Gewaltmaßnahmen.

Ringfinger-Ritual 8:

Einer der einfachsten Wege, nach einer Diät das Gewicht zu halten oder es ganz ohne Diät auf ein normales Maß zu reduzieren, ist »Dinner Cancelling«. Auf Deutsch: Lassen Sie das Abendessen weg. Das erfordert allerdings einen Umbau Ihrer sozialen Gewohnheiten. Gerade bei Menschen mit Ganztagsjob hat das Abendessen eine wichtige soziale Funktion, ist aber leider oft auch sehr kalorienreich. Doch wie immer in diesem Büchlein gilt: Durch das Einführen neuer, sinnvoller Rituale lässt sich auch das regeln. Probieren Sie es einmal mit einem kohlehydratfreien, aber eiweißreichen Abendessen, also zum Beispiel ungesüßtem Joghurt oder Quark anstelle belegter Brote. Auch mit wenig Fleisch oder Eiern ohne Sättigungsbeilagen (Nudeln, Reis, Kartoffeln), dafür Gemüse oder Salat können Sie mitessen, ohne viele Kalorien aufzunehmen.

Zwischenmahlzeiten weglassen

Eine gute Ergänzung zum Kein-Abendessen-Ritual ist der Verzicht aufs Essen zwischendurch, denn egal ob Obst oder Schokoriegel: Die Insulinproduktion Ihres Körpers kommt nicht zur Ruhe, Sie fühlen sich weiterhin hungrig. Trinken Sie stattdessen zwischen den Mahlzeiten. Aber nur Wasser, ungesüßten Kaffee oder Tee ohne Milch. Halten Sie diesen Umgang mit den Mahlzeiten drei Wochen lang durch und kontrollieren Sie dann Ihr Gewicht. Die Wahrscheinlichkeit ist groß, dass Ihr Körperpfunde-Jo-jo deutlich tiefer nach unten hängt. Und dort auch bleibt.

BEENDEN SIE FEINDSCHAFTEN

»Ein richtiger Feind ist so wertvoll wie ein guter Freund«, behaupten die Sizilianer. Für alle anderen Länder gilt eher, was auch die Mediziner mit profunden Studien belegen können: Dauerhafte Feindschaft macht körperlich und seelisch krank. Der Rat also lautet: Schließen Sie Frieden, beenden Sie die Feindseligkeiten. Ein Vorschlag, der bei den Betroffenen zunächst heftigen Stress auslösen dürfte: Versöhnungsgespräche führen? Nervenaufreibende Mediationsverhandlungen mit neutralem Vermittler? Keine Sorge, es geht einfacher!

Ringfinger-Ritual 9:

Es gibt viele Möglichkeiten:

* Beenden Sie die Feindschaft einseitig. Von sich aus, ohne mit dem Gegner zu sprechen. Begraben Sie Ihr Kriegsbeil, auch wenn der andere Sie weiterhin auf dem Kieker haben wird. Sagen Sie sich: Zu einer Feindschaft gehören immer mindestens zwei. Ich spiele ab sofort nicht mehr mit.
* Sprechen Sie mit dem Menschen, der Ihnen feindlich gesinnt ist, ohne dass er anwesend ist.
* Schreiben Sie einen Brief, den Sie nie abschicken.
* Versetzen Sie sich in ihn hinein. Haben Sie Verständnis für seine Position. Unmöglich? Das sagen am Anfang alle, denn Feindschaften haben

sich meist tief eingekerbt in die Seele. Sie wurden verletzt, betrogen, angelogen, beschimpft, möglicherweise dauerhaft geschädigt. Sagen Sie sich: Ich bin stärker. Ich bin darüber weg. Ich sehe nach vorne, ich kann wieder lachen, ich habe die Vergangenheit besiegt.

* Spielen Sie verschiedene Szenarien durch: Der andere ist Ihnen vielleicht längst nicht mehr böse. Er hat es verdrängt, vergessen, es langweilt ihn. Möglicherweise macht er gerade das, was Sie machen, und will den Kriegszustand einseitig beenden. Oder es geht ihm viel schlechter, als Sie ahnen. Er bereut, was er Ihnen angetan hat, auch wenn er es niemals zugeben könnte.

Entscheidend aber sind Sie: Dass Sie sich befreien aus dem Teufelskreis. Dass Sie kein Gefangener sind, auch nicht von Ihren Feindschaftsvorstellungen.

BAUEN SIE ABENDS IHRE MORGENSTARTRAMPE

Aufschieberitis, Prokrastination, morgen-morgen-nur-nicht-heute … das ist mehr als nur eine Unpässlichkeit oder ein Organisationsfehler. Es hat enorme Ausmaße angenommen. Bei Studenten ist das Verschieben der Hausarbeiten ein Massenphänomen. Die vielen kleinen unerledigten Arbeiten in den zahllosen Firmen und Behörden in unserem Land addieren sich zu einem gigantischen Berg.
Im privaten Leben können die gesammelten, verschobenen Pflichten eine erhebliche Motivationsbremse bilden, die unzufrieden und auf Dauer krank macht. Wenn das bei Ihnen der Fall ist, hilft nur eins: Erweitern Sie das Ringfinger-Ritual Nr. 1 von Seite 40 jeden Tag etwas wegwerfen – auf Ihre terminlichen und sonstigen Verpflichtungen. Trennen

Sie sich von Zeitfressern, durchforsten Sie Ihre Gewohnheiten. Führen Sie einen Tag lang im 10-Minuten-Rhythmus Buch, womit Sie sich wie lange beschäftigen. So entdecken Sie die Lecks in der Sanduhr Ihres Lebens schnell.

Wahrscheinlich werden Sie auch feststellen, dass die Erledigung wichtiger Arbeiten gar nicht so lange dauert. Aber es verstreicht unglaublich viel Zeit, bis Sie sich endlich dazu aufraffen. Das ist normal und geht nicht nur Ihnen so. Wenigstens für den Beginn eines neuen Tages können Sie dieses Manko mit einer gewitzten neuen Angewohnheit austricksen.

Ringfinger-Ritual 10:

Räumen Sie Ihren Arbeitsplatz am Ende des Tages so weit auf, dass nur noch die Sachen darauf liegen, die Sie am nächsten Tag als Erstes erledigen sollten. Büromenschen platzieren auf ihrem Schreibtisch die wichtigen Unterlagen für den Anruf oder den Schreibjob, der am wichtigsten ist (und meist etwas Überwindung kostet). Handwerker legen das Stück zentral auf die Werkbank, für das sie am Vortag keinen Nerv mehr hatten. Oder Sie packen am Abend alle Sachen für den schwierigen Kundenbesuch zusammen und dort fahren Sie als Erstes hin. Beginnen Sie nicht mit belanglosem Kleinkram, sondern mit der wichtigen, wertschöpfenden Aufgabe, nach deren Erledigung Sie aufatmen.

DER MITTELFINGER

FINDEN SIE IHRE MITTE

Sich selbst und anderen Gutes gönnen. Das ist der zentrale Gedanke der nächsten zehn Rituale, bei denen es um Sie selbst geht, um Ihre innere Mitte. Dort werden Sie erstaunlich wenig Ego finden, sondern ein Herz, das Kraft hat für andere.

Der indische Jesuit Anthony de Mello erzählte folgende Geschichte: Ein Lebensmittelhändler kam sehr besorgt zu seinem Meister. Gegenüber seinem Laden hatte ein Supermarkt eröffnet, der sein Geschäft kaputtzumachen drohte. Da sagte der Meister: »Wenn du den Besitzer des Supermarktes fürchtest, wirst du ihn hassen. Der Hass wird dein Ruin werden.« »Was soll ich tun?«, fragte der verzweifelte Händler. Der Meister riet: »Geh jeden Morgen aus deinem Laden, schau dich selbst und dein Geschäft freundlich an und segne es. Dann dreh dich um und segne den Supermarkt gegenüber.« Der Händler war empört: »Meinen Konkurrenten segnen?« Der Meister antwortete: »Jeder Segen, den du ihm gibst, wird sich zu deinem Besten wenden. Alles Böse, das du ihm wünschst, wird dich zerstören.«
Nach sechs Monaten kam der Mann wieder. Er hatte wie befürchtet seinen Laden schließen müssen. Aber jetzt, berichtete er, sei er Geschäftsführer des Supermarkts. Er führe ihn so freundlich und sorgfältig wie früher seine kleine Lebensmittelhandlung und seine Geschäfte gingen besser als je zuvor.

WACHSEN SIE MIT IHREM ATEM

Der einfachste Weg zur eigenen Mitte führt über bewusstes Atmen. Das ist so banal und simpel, dass sich die meisten Menschen gar nicht vorstellen können, wie effektiv es ist. Unser Hirnstamm steuert diesen Vorgang gänzlich unbeeinflusst von unserem Willen. Zugleich aber können Sie mit Ihrem Atem kleine Wunder vollbringen, etwa Schmerzen lindern. Wenn Sie beispielsweise Bauchweh haben, stellen Sie sich vor, beim Ausatmen würde Ihr Atem durch den Bauch strömen und von dort Ihren Körper verlassen. Dadurch beruhigen Sie – ganz ohne Medikamente – die dortigen Schmerzrezeptoren. Aber es geht noch besser: Mit dem Atem können Sie Ihre Ängste verringern. Jede Art von Angst beengt Sie und nimmt Ihnen Lebenskraft. Ihr Körper reagiert darauf instinktiv mit flacher Atmung, er »macht sich klein«. Dadurch wird Ihre Angst noch stärker. Machen Sie sich also bewusst groß, weit und stark. Bekämpfen Sie die Enge aktiv.

Mittelfinger-Ritual 1:

Die folgende Übung können Sie im Stehen, im Sitzen auf der Stuhlkante oder im Liegen auf dem Teppichboden oder einer Matte durchführen (ein Bett wäre zu weich). Atmen Sie komplett aus, indem Sie den Bauch einziehen und den letzten Rest Luft aus Ihren Lungen pressen. Verweilen Sie so für 10 bis 20 Sekunden und horchen Sie in sich hinein. An diesem Punkt ist es fast unmöglich, Angst zu empfinden. Danach geben Sie dem natürlichen Impuls zum Luftholen nach. Zum Einatmen lassen Sie zu, dass sich Ihr Bauch aufbläht. Stellen Sie sich dabei vor, Sie würden um 1 oder 2 Zentimeter wachsen. Sie füllen Ihre Lungen maximal und aktivieren dabei Bereiche, die manchmal jahrelang nur schlecht mit Sauerstoff versorgt wurden. So erfrischen Sie Ihren Körper mit sauerstoffreichem Blut. Vor allem aber beenden Sie die Enge.

Eine Lehrerin erzählte mir, dass sie diese Übung vor dem Unterricht durchführt. Wenn sie sich etwa 2,10 Meter groß fühlt, geht sie vor die Klasse und ist jedes Mal erstaunt, wie ruhig die Kinder sind. Es ist wirklich so einfach: Mit Ihrem Atem können Sie Ihre persönliche Ausstrahlung und Ihren inneren Stresslevel steuern.

TREIBEN SIE MINI-FITNESS

Wenn Sie sich genug bewegen, können Sie sich viele Medikamente sparen. In Ihren Muskeln befindet sich eine hervorragend ausgestattete Apotheke. Bewegung hilft, Diabetes, Osteoporose, Bluthochdruck, Übergewicht, Depression und andere schlimme Krankheiten zu verhindern. Auch kleine Muskelbewegungen bringen schon eine Menge.

Mittelfinger-Ritual 2:

Wenn Sie allein sind, lassen Sie die Schultern kreisen (probieren Sie es am besten jetzt gleich beim Lesen aus). Das geht auch beim Autofahren, beim Stehen in einer Warteschlange oder wann auch immer Ihr Körper Leerlauf hat. Läuft es Ihnen dabei wohlig kribbelnd den Rücken herunter (oft verbunden mit Schütteln und Gänsehaut), sind das schon die ersten guten Entspannungszeichen.

Stellen Sie beim Sitzen Ihre Füße auf die Hacke und heben die Zehen so weit nach oben, bis es hinten in den Wadenmuskeln zieht. Dann stellen Sie die Füße auf den Ballen und ziehen den Absatz hoch, bis es im Schienbein zwickt. Beides immer wieder abwechseln und fertig ist die »Venenpumpe«, eine Übung, die Ihren Kreislauf anregt und Krampfadern vorbeugt. Besonders empfehlenswert bei langem Sitzen, etwa auf Reisen, im Kino oder Theater.

Sogar beim Autofahren lässt sich das machen, wenn Ihr Wagen einen Tempomat hat. Ein gesundheitsfördernes Extra, denn das oft stundenlange Stehen auf dem Gaspedal führt zu elenden Verkrampfungen – nicht nur im Fuß, sondern mit negativen Auswirkungen auf Wirbelsäule und Bewegungsapparat.
Sind Sie erst einmal auf den Geschmack gekommen, werden Sie wie von selbst weitere Varianten von Miniatur-Gymnastik erfinden. Pressen Sie beim Autofahren das Lenkrad zusammen, nach zehn Sekunden entspannen, danach ziehen Sie es auseinander, wieder entspannen, und alles von vorne.
Spannen Sie beim Sitzen die Gesäßmuskeln an, nach zehn Sekunden entspannen, dann wieder spannen …
So tun Sie etwas für Ihren Körper, ohne dass es die anderen merken. Und wie von selbst finden Sie dabei zu Ihrer inneren Balance, denn Ihr Körper signalisiert Ihnen bei jeder Bewegung: »Hurra, ich bin ja auch noch da!«

HEBEN SIE DAS TELEFON NICHT SOFORT AB

Es gibt Leute, die freuen sich einfach nur, wenn das Telefon klingelt: Ich werde gebraucht! Jemand denkt an mich! Auf mich wartet eine Überraschung! Andere sind eher genervt: Schon wieder jemand, der mich stört! Muss das ausgerechnet jetzt sein?
Ich muss gestehen, dass ich eher zur zweiten Kategorie gehöre. Ich bewundere Menschen, denen der Griff zum Hörer oder zum grünen Knopf auf dem Handy Freude macht. Ob man von denen lernen könnte? Ein Neurobiologe hat mir Mut gemacht und den gehirntechnischen Hintergrund erklärt.
Im Inneren unseres Kopfes befindet sich das limbische System. Es ist unser emotionales Gehirn und entspricht etwa dem Denkapparat einer Katze oder eines Hundes. Es ist auf Schnelligkeit getrimmt und entscheidet im Bruchteil einer Sekunde, ob wir etwas angenehm finden oder nicht. Telefonklingeln akti-

viert im limbischen System die Abteilung »Überraschung«. Das ist der einzige Bereich, der nicht eindeutig positiv oder negativ besetzt ist. Das heißt: Den können Sie mit etwas Übung programmieren.

Mittelfinger-Ritual 3:

Nutzen Sie die Schreck- oder Glückssekunde, wenn das Telefon Alarm gibt. Atmen Sie langsam bewusst ein. Bedenken Sie, was schlimmstens hinter dem Anruf stecken könnte. Eine Todesmeldung. Eine berufliche Katastrophe. Eine sonstige Hiobsbotschaft. Beim Ausatmen stellen Sie sich vor, was dieser Anruf im besten Falle für Sie bedeuten kann. Das Nobelpreiskomitee oder ein Filmproduzent aus Hollywood ist bei Ihnen vermutlich unwahrscheinlich. Aber es gibt in Ihrem Leben sicher Anrufe, die ein wichtiger Meilenstein in Ihrem Fortkommen sind. Bei denen Sie jemanden glücklich machen können. Mit denen Sie an gutem Ruf gewinnen werden. Was Sie hier in knapp einer Minute gelesen haben, können Sie sich mit etwas Übung während eines Atemzuges durch den Kopf gehen lassen. Das Telefon hat währenddessen höchstens zwei weitere Male geläutet. Nun sind Sie aufs Schlimmste vorbereitet und für angenehme Erlebnisse offen. Ihr limbisches Entscheidungssystem ist eingestimmt. Sie können abheben und werden mit Sicherheit besser reagieren als ohne diese Mini-Meditation.

VERSPRECHEN SIE WENIG

Man nennt es den »Fluch der guten Tat«: Sie wollten jemandem helfen, Sie haben sich angestrengt, andere wichtige Arbeiten zurückgestellt – doch dann hat es irgendwie nicht geklappt. Ihre Bemühungen waren vergebens, man hat Ihre Hilfe als Einmischung missverstanden, Sie wurden vielleicht sogar noch boykottiert und am Ende hat sich niemand bei Ihnen bedankt.

Gute Taten können zum Frust führen oder sogar zum Burnout. Die Überlastungsdepression erwischt meistens die Guten. Menschen, die mehr leisten als vorgeschrieben. Arbeitende, die es perfekt und schön machen wollen. Leute, denen ein guter Ruf vorausgeht und die große Hoffnungen wecken. Wenn Sie als zuverlässig und qualitätsbewusst gelten, überträgt man Ihnen anspruchsvollere Aufgaben als den unzuverlässigen »Schluderern«. Von Ihnen wird viel erwartet. Ist das alles ein Naturge-

setz? Das normale Drama, dem Sie zwangsläufig ausgeliefert sind? Nein, gegen diese Art von Frust können Sie selbst etwas tun.

Mittelfinger-Ritual 4:

Gewöhnen Sie sich an, beim Annehmen einer Aufgabe tiefzustapeln. Versprechen Sie etwas weniger, als Sie schaffen werden. Dafür liefern Sie am Ende lieber etwas mehr als vereinbart und schneller als erwartet – aber nicht zu früh, sonst gelten Sie als unterbeschäftigt.

Wenn man Sie um etwas bittet, sagen Sie nie sofort zu. Es fühlt sich zwar gut an, die dankbaren Augen des Bittstellers zu sehen und als hilfsbereiter, unkomplizierter Zeitgenosse zu gelten. Aber genau das verführt dazu, auch zu Aufgaben Ja zu sagen, die ein anderer ebenso oder besser erledigen könnte. Sagen Sie prinzipiell: »Ich werde es mir überlegen«, und besprechen Sie sich mit Ihrem Partner und anderen, die durch Ihre Zusage mit betroffen wären.

HALTEN SIE VOR DEM ESSEN INNE

Singles, die nicht im Stehen vor dem Kühlschrank essen, sondern die Nahrungsaufnahme stilvoll am gedeckten Tisch durchführen, bleiben gesünder. Menschen aus Familien, die regelmäßig gemeinsam essen und dabei zu Beginn der Mahlzeit beten, haben weniger häufig Infektionskrankheiten und Allergien als der Durchschnitt. Das ist das Resultat von Studien amerikanischer und britischer Psychiater. Es kommt dabei allerdings nicht auf den Glauben an, sondern auf das dankbare Innehalten vor dem Essen.

Mittelfinger-Ritual 5:

Medizinisch und seelisch gesund ist eine kurze Meditation in drei Schritten:

1. **Finden Sie Ihre Mitte:** Falten Sie die Hände auf dem Tisch oder darunter. Damit schließen Sie den Nervenkreislauf Ihrer Arme und lenken die Konzentration nach innen. Der günstigste Zeitpunkt dafür ist der Moment, wenn jeder seinen Teller gefüllt hat, denn nun können Sie das vor Ihnen stehende Essen ansehen. Denken Sie an die Liebe und die Sorgfalt, die in der Zubereitung stecken. Sehen Sie die Mühen, die zum Herstellen und zum Transport der Rohstoffe nötig waren.

2. **Hören Sie auf Ihr Herz:** Vertrauen Sie darauf, dass daraus ein Gefühl der Dankbarkeit in Ihnen

entsteht, zu dem Sie sich nicht zwingen müssen. Die meisten Menschen spüren dieses Gefühl in der Herzgegend als eine warme, angenehme Kraft. Körperlich gesehen bereiten sich dabei Mund und Speiseröhre auf die Nahrungsaufnahme vor.

3. Spüren Sie Ihren Magen: Die angenehme Erwartung breitet sich schon nach kurzer Betrachtung des Essens weiter nach unten aus. Lassen Sie nun Ihren Magen beten. Spüren Sie, wie Ihr Körper dieses Essen braucht und sich darauf freut. Mehrere Drüsen stellen nun die zur Verarbeitung der Mahlzeit erforderlichen Stoffe bereit. Wer ohne Gebet hastig drauflos isst, überrumpelt seinen Magen und belastet ihn damit. Sehen Sie danach die Menschen an, die mit Ihnen essen, und wünschen Sie sich gegenseitig einen »Guten Appetit«.

SCHREIBEN SIE MIT

Ich habe einmal vor den Führungskräften eines großen Unternehmens die Grundgedanken meiner simplify-Bücher vorgetragen. Die Zuhörer waren freundlich bei der Sache, aber nur einer schrieb die ganze Zeit mit. Er schien der älteste der Runde zu sein und füllte während meines Vortrags mehrere Seiten seines gebundenen Notizbuchs. Wer das wohl ist, fragte ich mich während meiner Rede und sprach ihn nach dem Meeting an.

Dieser einzige fleißige Schreiber war der Vorstandsvorsitzende, also der oberste Chef der Truppe. Als ich ihn auf sein Notizbuch ansprach, lachte er: »Das habe ich von meinem Vater gelernt. ›Wer schreibt,

TIPP

BEIM ARZT

Schreiben Sie vor einem Arztbesuch auf, was Sie fragen wollen. Wenn Sie ähnliche Beschwerden schon einmal hatten, denken Sie in Ruhe nach, wann genau und wie das damals war, und halten Sie auch das schriftlich fest. Notieren Sie sich während der Untersuchung die Ratschläge des Arztes. In der Regel freut sich der Mediziner, wenn er merkt, dass Sie seine Anweisungen ernst nehmen.

der bleibt‹, sagte er immer. Und wie Sie sehen, stimmt's. Jetzt bin ich der Boss von diesem Laden.« Beim Aufschreiben von Gehörtem verdopple sich seine Konzentration – und kein wichtiger Gedanke gehe ihm so verloren. Er staune nur, wie wenige Menschen diese fantastisch einfache Sache nutzten.

Mittelfinger-Ritual 6:

Wenn Sie irgendwo zuhören und es möglich ist – schreiben Sie mit, also bei Vorträgen, interessanten Radio- oder Fernsehsendungen ... Trauen Sie sich, gerade im Zeitalter der Smartphones und Tabletcomputer Papier und Stift zu benutzen. Von Hand schreiben Sie mehr, intensiver und müheloser als mit Tastatur oder Eingabestift. Nutzen Sie diese bewährte Technik auch, um sich eigene Überlegungen klarer zu machen. Denn während des Schreibens kommt es zu einem hocheffizienten Rückkopplungseffekt: Sie sehen Ihre eigenen Gedanken schwarz auf weiß vor sich, Sie zentrieren sich und nutzen mehrere Systeme Ihres Gehirns gleichzeitig.

SEGNEN SIE IHRE UMGEBUNG

Es gibt Menschen, die ihre Umwelt verwandeln können. Wenn sie einen Raum betreten, ist das ein Ereignis. Besonders gut funktioniert es, wenn ihnen ein gewisser Ruf vorausgeht. Wenn alle wissen, dass demnächst der Ministerpräsident hereinkommt, sind die Erwartungen hoch. Wenn er dann das Zimmer betritt, werden alle ergriffen von seiner Ausstrahlung. Trotzdem – bei manchen Prominenten ist dieses Charisma stark spürbar, bei anderen fast gar nicht. Es scheint also durchaus auch an der Person selbst zu liegen, nicht nur am Drumherum.

Auch Sie können die Atmosphäre in einer Gruppe oder einem Raum auf einfache Weise positiv beein-

flussen. Das Geheimnis ist ein sehr altes Phänomen, das schon in der Bibel beschrieben wird: Segen. Das lateinische Wort dafür, »benedicere«, heißt wörtlich übersetzt: Gutes sagen.

Mittelfinger-Ritual 7:

Wünschen Sie den Menschen, mit denen Sie zu tun haben, Gutes. Probieren Sie es aus, indem Sie morgens einen Segen vor sich herschicken. Segnen Sie still alle, die Sie vermutlich treffen werden – auch jene, zu denen Sie ein konfliktreiches Verhältnis haben. Segnen Sie Ihre Arbeitsstelle und andere Räume, die Sie während des Tages betreten. Oder auch die Dinge, die Sie an diesem Tag benutzen – nichts ist so profan, dass es nicht gesegnet werden könnte. Sie werden im Laufe des Tages spüren, dass die Räume, Dinge und Menschen dadurch eine besondere Verbindung zu Ihnen bekommen.
Segnen hat immer auch etwas zu tun mit berühren. Die klassische Segensgeste ist, den Gegenstand oder den Menschen mit der flachen ausgestreckten Hand sanft anzufassen – als Symbol dafür, dass Sie mit Ihrem Segen auch die Seele des anderen berühren. Segen ist keine Magie. Er zaubert Krankheiten, Ehekrisen, Existenzängste und Unfallgefahren nicht weg. Doch er gibt den Menschen und den Dingen Tiefe. Ihre Umgebung bekommt durch den Segen eine Perspektive und eine Mitte.

MISSTRAUEN SIE DEM ERSTEN EINDRUCK

»Für den ersten Eindruck gibt es keine zweite Chance« hieß ein Buch, das zu den Standardwerken für Bewerbungsgespräche gehörte. Der Titel ist eine typische Halbwahrheit. Natürlich ist der erste Eindruck unwiederholbar, aber er wird überschätzt. Vielleicht kennen Sie das: Sie haben jemanden kennengelernt, der Ihnen auf Anhieb unsympathisch ist. Im weiteren Verlauf des Zusammenseins aber revidieren Sie dieses Gefühl. Nun kommt er Ihnen doch ganz vernünftig vor und Sie beginnen sogar ein gemeinsames Projekt mit ihm. Gut, dass Sie nicht auf Ihren ersten Eindruck gehört haben.

Mittelfinger-Ritual 8:

Merken Sie sich den ersten Eindruck, wenn Sie einem Menschen zum ersten Mal begegnen oder erstmals in einer für Sie neuen Situation sind. Aber hören Sie auch auf Ihre zweiten, dritten und folgenden Wahrnehmungen. Das »Bauchgefühl« in allen Ehren – aber zum Glück besteht Ihre Persönlichkeit auch aus Intellekt, Lebenserfahrung und vielen weiteren Möglichkeiten: mit anderen reden, im Internet recherchieren, sich auf einem Blatt Papier das Für und Wider einer Entscheidung klarmachen.

Wenn Sie beruflich häufiger Beurteilungen abgeben müssen, entwickeln Sie Methoden, um den übermächtigen ersten Eindruck auszubremsen. Ein Filmkritiker berichtete mir, dass er beim Ansehen alle fünf Minuten von seinem Handy einen Alarmton geben lässt. Der erinnert ihn daran, kurz aufzuschreiben, welche Schulnote er dem Film in diesem Moment gibt. Aus der Reihe der Zensuren errechnet er am Ende den Durchschnitt. Das ist viel genauer, als sich durch einen guten Anfang oder einen tollen Schluss täuschen zu lassen.

Eine Deutschlehrerin beobachtete, dass sie beim Korrigieren von Aufsätzen recht maßgeblich durch den ersten Aufsatz beeinflusst wurde. Daraufhin beschloss sie, zunächst die ersten drei Sätze jeder Arbeit durchzulesen und sich erst dann an die einzelnen Aufsätze zu machen.

SCHWEIGEN SIE

»Wir wollten in Bremen kein Gegentor kassieren. Das hat auch bis zum Gegentor ganz gut geklappt.« »Die Schweden sind keine Holländer, das hat man ganz genau gesehen.« »Keiner verliert ungern.« »Im ersten Moment war ich bei diesem Spiel nicht nur glücklich, ein Tor geschossen zu haben, sondern auch, dass der Ball reingeht.«
Solche Weisheiten – hier von den Fußballspielern Thomas Häßler, Franz Beckenbauer, Michael Ballack und Mario Basler – sind besonders gelungene Beispiele für ein Phänomen, das man in der Psycho-

logie »Plappertendenz« nennt. Es gibt eigentlich nichts zu sagen, aber unser Gehirn hat die Fähigkeit, trotzdem einen Wortschwall zu produzieren. Bei einigen Menschen kann das zu einer Gewohnheit werden, die manche mit dem uncharmanten Begriff »Logorrhoe«, also Sprechdurchfall, versehen.

Als Faustregel kann gelten: Wenn sich jemand unklar ausdrückt, weiß er nicht, wovon er spricht. Das passiert in unserer komplizierten Welt oft, so wie in diesem »Hilfetext« einer Textverarbeitungssoftware: »Wenn Sie die Druckformatvorlage eines Dokuments mit der Druckformatvorlage einer Dokumentenvorlage verbinden, ersetzen die Druckformatdefinitionen des Dokuments die gleichnamigen Druckformatdefinitionen der Dokumentenvorlage.«

Mittelfinger-Ritual 9:

Halten Sie sich an Mark Twains klugen Rat: »Wenn du nichts zu sagen hast, dann sage nichts.« Gerade wenn Sie jemand sind, der sonst gern mitredet und sich einbringt – probieren Sie es einmal in einem Meeting, einer Freundesrunde oder sonst einem Kreis mit Zuhören. Seien Sie nicht interessant, sondern interessiert – was sowieso die Königsregel für gute Kommunikation ist. Halten Sie es wie Andreas Möller, aber drücken Sie es nicht so aus wie er: »Mein Problem ist, dass ich immer sehr selbstkritisch bin, auch mir selbst gegenüber.«

BLEIBEN SIE NICHT, WIE SIE SIND

Irgendetwas in mir sträubt sich, wenn Menschen über sich Sätze sagen wie »Ich bin ein unverbesserlicher Optimist« oder »Als Löwe brauche ich ja immer mein Publikum«. Mir tun Menschen leid, die sich abgefunden haben mit ihrem So-Sein. George Harrison, der entrückteste und indischste der vier Beatles, wurde einmal gefragt, welches seiner Stücke er für sein bestes halte. »Das werde ich noch schreiben«, hat er geantwortet. Diese nach vorne gerichtete Sicht auf das eigene Schaffen hat mir sehr gefallen.

Mittelfinger-Ritual 10:

Ganz gleich, wie Sie sich beschreiben – optimistisch, pessimistisch, ängstlich, mutig –, ab heute können Sie anders sein! Sie können Ihre Zukunft ändern, denn sie besteht aus dem gleichen Material wie Ihre Vergangenheit: aus dem, was Sie daraus machen. Sehen Sie sich Ihren Mittelfinger an: Was wird er noch alles erleben können? Ein neues Instrument spielen? Unbekannte Erde ertasten? Teil einer tröstlichen, helfenden Hand sein? Ihre Mitte wird bleiben, Sie werden im Zentrum Ihrer Seele der- oder dieselbe bleiben. Aber alles außen herum, das kann sich noch ganz erstaunlich anders entwickeln. Sie können den Mittelfinger auch frech nach oben strecken und den Stinkefinger zeigen. Das sollten Sie jetzt gleich einmal tun. Aber strecken Sie ihn nicht anderen Menschen entgegen, sondern Ihrer eigenen Vergangenheit und rufen Sie ihr zu: »Hey, Alte, du denkst wohl, es geht immer so weiter wie bisher? Von wegen! Ich kann auch ganz anders!«

DER ZEIGEFINGER

PEILEN SIE EIN ZIEL AN

Eine alte Weisheit sagt: Wer mit dem Zeigefinger auf einen anderen zeigt, auf den zeigen drei Finger zurück. In diesem Kapitel geht es wieder – um Sie. Das ist der Mensch, den Sie wirklich verändern können. Dazu brauchen Sie ein Ziel.

Sie haben sich mit einer kleinen Flucht aus der Schusslinie gebracht. Sie haben bereits entrümpelt und sich von unnötigen Dingen, nervigen Verpflichtungen, Perfektionismus und vielleicht sogar ein paar Zentimetern Bauchumfang befreit. Sie haben zu Ihrer inneren Mitte gefunden, tun regelmäßig etwas Gutes für Ihre Lungen und den Rest Ihres Körpers, sind insgesamt ruhiger und klüger geworden.
Falls Ihnen die bisherigen Kapitel manchmal etwas »östlich« vorkamen, achtsam und nach innen horchend – dieses Kapitel ist im besten Sinne »westlich«. Jetzt fragen wir – typisch für unser tatkräftiges Industrieland – nach den praktischen Konsequenzen. Was habe ich davon in meinem häufig so grauen Alltag? Wie kriege ich das Grau aus ihm heraus?
Kurzum: Jetzt geht es um Ziele – um Ihre Ziele. Der Zeigefinger ist dafür ein schönes Erinnerungssymbol. »Da geht's lang«, zeigen wir mit ihm und der ganze Körper folgt, manchmal auch eine komplette Mannschaft. Wenn Sie eins oder mehrere der folgenden zehn Rituale regelmäßig in Ihren Alltag einbauen, kann ich Ihnen garantieren: Ihr Leben wird sich verändern. Denn Sie wereden sich verändern.

GEBEN SIE DEM TAG EINE ÜBERSCHRIFT

Sie gehen so dahin, die Tage, einer wie der andere. Grob zusammengefasst sieht das Leben mancher Leute so aus: »Als junger Mann, wunderbar, da war ich schrecklich verliebt, ich habe mächtig rangeklotzt damals im Beruf … und die letzten 20 Jahre, hm, da war nicht viel.« Damit Sie es nicht auch zu so einer Biografie bringen, sollten Sie die Zielpower Ihres Zeigefingers einsetzen. Ob der vor Ihnen liegende Tag so wird wie jeder andere, entscheiden Sie!

> **TIPP**
>
> **NICHT VERZAGEN**
>
> Wenn Ihnen Ihr Motto abhandenkommt, das Sie sich für heute vorgenommen hatten – geben Sie nicht auf und versuchen Sie es morgen!

Zeigefinger-Ritual 1:

Überlegen Sie sich am besten schon nach dem Aufstehen oder spätestens beim Frühstück: Welchen Titel könnte ich dem heutigen Tag geben? »Überraschungstag«, »Tag der neuen Freunde«, »Anpack-Tag«, »Tag der 21 guten Taten«, »Relax total« … Erwarten Sie etwas von den vor Ihnen liegenden Stunden! Damit zapfen Sie eine großartige Quelle in Ihrem Gehirn an. Das Belohnungszentrum produziert bei jeder Art von Vorfreude den belebenden Botenstoff Dopamin. Dieses Glückshormon wird Sie leicht und locker über eventuelle Schwierigkeiten hinüberschubsen. Sie werden spüren: Ein Tag mit Überschrift ist ein Dopamin-Tag!

Falls Sie einen Zeitplaner benutzen oder Ihre Termine auf dem Smartphone planen: Meistens gibt es ganz oben über jedem Tag eine freie Zeile für die Tagespriorität oder »heute wichtig«. Schreiben Sie dort die Tagesheadline hinein, damit Sie sie mehrmals am Tag vor Augen haben.

MACHEN SIE MORGENS IHR BETT

Die US-amerikanische nationale Schlaf-Stiftung – ja, so etwas gibt es! – beschäftigt sich hauptsächlich mit dem Gegenteil, der Schlaflosigkeit. Ein Phänomen, von dem weltweit viele Millionen Menschen betroffen sind. Eine der von der Stiftung unterstützten Studien kam zu einem bemerkenswerten Ergebnis: Menschen, die am Morgen ihr Bett machen, haben eine um etwa 20 Prozent höhere Chance auf einen erholsamen, ununterbrochenen Nachtschlaf. Der ist wichtig, damit Sie tagsüber genügend Energie für Ihre Ziele und Aktivitäten haben.

Zeigefinger-Ritual 2:

Also: Kissen am offenen Fenster aufschütteln und kräftig ausklopfen, Bettdecken ausschütteln, Laken glatt ziehen, Kissen und Decken schön herrichten.

> **TIPP**
>
> ### LANGWEILIGE ABLENKUNG
> Falls Sie abends trotz schön vorbereitetem Schlummerlager nicht einschlafen können, hilft ein kleiner Trick, um Ihr Gehirn von den emotionalen Themen abzulenken: Beschäftigen Sie Ihre grauen Zellen mit etwas total Sprödem. Zählen Sie in 3er-Schritten von 333 abwärts. Oder addieren Sie die Geburtsjahre Ihrer Familie.

Damit schlagen Sie mehrere Fliegen mit einer Klappe. Mit jedem kräftigen Ausschütteln verringern Sie die Zahl der mikroskopisch kleinen nächtlichen Mitbewohner. Ideal ist es, die Betten mindestens eine halbe Stunde am offenen Fenster auslüften zu lassen. Je kälter es dabei ist, umso besser – denn dann geht es den fiesen kleinen Milben, die die menschliche Körperwärme lieben, umso schlechter.

Der wesentliche Vorteil der morgendlichen Vorbereitung für den Abend aber ist: Wer sein Bett für die Nacht vorbereitet, kommt nicht in Versuchung, sich tagsüber dort hineinzukuscheln oder alltägliche Verrichtungen wie Lesen oder Telefonieren auf dem Matratzenlager abzuhalten. Die Ärztin Judith Davidson, in den USA einer der Schlaf-Gurus, empfiehlt Menschen mit Schlafproblemen, das Bett exklusiv für den nächtlichen Schlaf zu reservieren.

VERFRÜHEN SIE SICH

Der tiefere Grund für die meisten Verkehrsunfälle, so berichten Verkehrspolizisten immer wieder, ist Zeitdruck. Da er keinesfalls zu dem wichtigen Meeting zu spät kommen möchte, fährt der Vertreter mit seinem Dienstwagen noch bei Dunkelgelb über die Ampel, kracht auf den doch noch bremsenden Wagen vor ihm – und statt der gesparten 30 Sekunden ist das Resultat eine stundenlange Verspätung, viel Ärger, womöglich finanzielle Belastungen oder noch schlimmere Unfallfolgen.

Oft sind es nur zehn Minuten, die den Unterschied ausmachen zwischen einer gelungenen, entspannten Autofahrt und einem nervenaufreibenden Horrortrip voller Hetze und panischer Telefonate. Zehn Minuten, die Sie einfach früher losfahren sollten als eigentlich errechnet.

In vielen Berufen machen sich die Arbeitnehmer große Sorgen, zu spät zu kommen. Aber nur wenige ziehen daraus die logische Konsequenz: sich anzugewöhnen, verfrüht zu erscheinen. Merkwürdigerweise scheint die Angst vor Verfrühung größer zu sein als die vor Verspätung.

Zeigefinger-Ritual 3:

Legen Sie es mindestens einmal pro Tag darauf an, warten zu müssen. Brechen Sie zu einem Termin so früh auf, dass Sie auf der Autobahn in gemütlichem Tempo auf der rechten Spur fahren können. Und nach der Ankunft am Zielort Muße haben für etwas Ungeplantes, Überraschendes, Kindisches, Nutzloses. Plaudern Sie mit der Dame am Empfang. Lassen Sie Ihr Auto waschen. Trinken Sie einen Cappuccino. Löschen Sie die alten SMS in Ihrem Handy. Gehen Sie spazieren. Setzen Sie sich auf eine Bank. Schreiben Sie etwas in Ihr Tagebuch.
Wenn Sie die Verfrühung als Lebenselixier erst einmal entdeckt haben, werden Sie über die weiteren Möglichkeiten staunen: Tanken, auch wenn noch genügend Benzin im Tank ist. Geburtstagsgeschenke einen Monat vorher kaufen, nicht erst am Vortag. Aufgaben vor der offiziellen Deadline erledigt haben (aber erst zum Termin abgeben, sonst gibt man Ihnen beim nächsten Mal weniger Zeit für die Fertigstellung).

LÄCHELN SIE BEIM EINSCHLAFEN

Wenn es uns gut geht, lächeln wir. Aber es funktioniert auch umgekehrt. Das ist eine mittlerweile gesicherte wissenschaftliche Erkenntnis. Wer sich also zum Lächeln oder Lachen zwingt, ist besser drauf. Nicht sofort, aber nach einer Eingewöhnungszeit. Darauf beruht Lachyoga, eine Erfindung des indischen Arztes Madan Kataria und seiner Frau, der Yogalehrerin Madhuri. Da wird in Gruppen oder allein gelacht, ohne Grund, schlicht auf die Silben »Ho ho ha ha ha«. Anfangs klingt es nicht sehr echt, aber recht schnell geht es über in herzhaftes, aufrichtiges Lachen. Zwerchfell und Bauchmuskeln arbeiten auf Hochtouren, das Ausatmen dauert deutlich länger, der große Parasympathikus-Nerv wird akti-

TIPP

VERBREITEN SIE FREUNDLICHE ENERGIE

Den angenehmen Rückkopplungseffekt zwischen Gesichtsmuskeln und emotionalem Gehirn können Sie auch tagsüber nutzen. Fällt Ihnen in der U-Bahn oder in einem Meeting auf, dass die meisten Menschen mit bitterer Trauermiene vor sich hin starren, lächeln Sie. Einen oder zwei der Mitmenschen können Sie damit immer anstecken. Und das ist, ja, genau – lustig.

viert. Er ist das Gegenstück zum Stress- und Erregungssystem, dem Sympathikus. Lautes Lachen beruhigt und entkrampft.

Zeigefinger-Ritual 4:

Probieren Sie den Rückkopplungseffekt zwischen Gesichtsmuskeln und emotionalem Gehirn gleich heute Abend aus – beim Einschlafen, wenn das Licht aus ist und niemand zuschauen kann. Lächeln Sie und beobachten Sie, wie dadurch Ihre Grundstimmung heiterer wird. Sie werden spüren, dass selbst bei künstlich hochgezogenen Mundwinkeln Sensoren in der Schläfengegend gedrückt werden, die eine Heiterkeit im Gehirn auslösen. Ihr kontrollierender Verstand wird das ein paar Minuten kritisch beobachten. Aber wenn Sie diese Zeit durchhalten, gibt er bald seinen Widerstand auf und lässt sich auf den seltsamen Stimmungsumschwung in Ihrem Inneren ein.

ENTSCHEIDEN SIE VORMITTAGS

Dieses Mal kommt die Entdeckung nicht aus den USA, sondern aus Israel: Einem Juristen fiel auf, dass Richter am frühen Vormittag Gesuche um vorzeitige Haftentlassung viel häufiger befürworten als kurz vor dem Mittagessen oder am späteren Nachmittag. Als Psychologen das Phänomen untersuchten, kamen sie zu einem klaren Befund: Entscheidungen zu fällen, ist mindestens so ermüdend wie harte körperliche Arbeit. Nach mehreren Entscheidungsvorgängen steigt die Tendenz, das Ganze zu vertagen – im Falle der Inhaftierten bedeutet es, dass ihr Gesuch erst einmal zurückgestellt wurde. Denn einen Gefangenen vor dem Ablauf seiner Strafe in die Freiheit zu entlassen, birgt ein Risiko. Das nimmt ein Mensch offensichtlich leichter auf sich, wenn er frisch und ausgeruht ist.

Zeigefinger-Ritual 5:

Am Beginn eines Arbeitstages sind Sie mutiger und risikofreudiger als gegen Mittag oder Nachmittag. Nutzen Sie das, indem Sie wichtige Weichenstellungen, dienstlich oder privat, stets auf den Vormittag legen. Und, so seltsam das klingen mag: Schonen Sie in der Zeit davor Ihren Willen. Die Psychologin Kathleen Vohs aus Minnesota, USA, schickte einen Teil ihrer Studenten vor einer Prüfung zum Shoppen

in ein Einkaufszentrum. Alle machten danach deutlich mehr Fehler als die aus der Kontrollgruppe. Es ist eine Tatsache: Mit jeder Entscheidung büßen Sie einen Teil Ihrer geistigen Kapazitäten ein. Haben Sie wichtige Dinge zu beschließen, schwächen Sie sich davor also nicht durch Entscheidungen über irgendwelchen Kleinkram.

Wenn Sie selbst einem Gremium einen Vorschlag unterbreiten müssen, sorgen Sie nach Möglichkeit dafür, dass die Entscheider frisch sind. Also ein Meeting spätestens um 10:00 Uhr und gleich als Punkt 1 auf der Tagesordnung.

Private Entscheidungen über das Ziel der nächsten Urlaubsreise, die Auswahl der Wandfarbe für die Essecke oder das neue Auto sind am Samstag- oder Sonntagvormittag besser aufgehoben als am wohlverdienten Feierabend.

SUCHEN SIE SICH EINEN IMAGINÄREN BERATER

In Polynesien besprechen sich die Eingeborenen vor wichtigen persönlichen Entscheidungen mit Aku-Aku. Das ist eine unsichtbare Person, mit der dort jeder seit seiner Kindheit vertraut ist. In der Verhaltenstherapie und Motivationsforschung hat sich bestätigt, dass solche inneren Dialoge eine großartige Möglichkeit sind, um Ziele leichter zu erreichen.

Zeigefinger-Ritual 6:

Suchen Sie in Ihrer Erinnerung nach einer Persönlichkeit, die Ihnen einmal sehr geholfen oder Sie zutiefst fasziniert hat. Das kann ein lebender oder toter Mensch aus Ihrem Familien- oder Bekanntenkreis sein. Oder ein Prominenter, zu dem Sie eine positive emotionale Beziehung haben, auch wenn Sie ihn gar nicht persönlich, sondern nur aus den Medien kennen. Bei manchen Menschen kann das auch eine Romanfigur sein oder ein Mensch aus der Bibel wie Maria Magdalena oder auch Jesus.
Diesen Menschen erklären Sie ab sofort zu Ihrem persönlichen Coach und Ratgeber. Stellen Sie sich vor, wie er Ihnen gegenübersitzt und Ihnen Tipps gibt, Sie lobt oder skeptisch nachfragt. Sie können sich mit ihm unterhalten, während Sie unterwegs

sind. Machen Sie ihn zu Ihrem Begleiter und Mentor. Fragen Sie ihn, wenn Sie nicht weiterwissen oder unsicher sind. Manchmal genügt es schon, ihn nur anzusehen, und Sie merken sofort: Er findet das, was Sie gerade vorhaben, vollkommen hirnrissig. Manchmal wird er Sie warnen oder er klopft Ihnen anerkennend auf die Schulter.

Vielleicht haben Sie Sorge, wegen Ihres imaginären Freundes – mit dem Sie sich womöglich leise murmelnd unterhalten – für verrückt oder sonderbar gehalten zu werden. Ein absichtliches Selbstgespräch aber, das bestätigen Lebensberater, kann eine hervorragende Hilfe sein, um Entscheidungen bewusster abzuwägen. Oft wird Sie der Dialog mit Ihrem virtuellen Berater auf neue Ideen bringen.

Letzten Endes ist dieser Berater in Ihrem Leben gar nicht neu. Er ist ein Aspekt von Ihnen. Die Weisheit Ihres imaginären Coachs ist Ihre eigene Weisheit, an die Sie aber über diesen kleinen Umweg viel besser herankommen als bisher.

SAMMELN SIE IHRE WUNSCHBILDER

Als meine Frau unser drittes Kind erwartete, keimte in uns der Gedanke, in ein größeres Haus umzuziehen. Auf einer Bahnfahrt hatte ich damals eine Zeichnung zum Thema Traumhaus angefertigt: auf der einen Seite ein Wohntrakt, dazwischen ein Verbindungsteil, dann kam der Arbeitstrakt. Ich habe immer davon geträumt, Wohnen und Arbeiten zu verbinden, in angrenzenden Zimmern, vielleicht mit einem kommunikativen Raum dazwischen.
Als ich nach Hause kam, zeigte ich die Zeichnung meiner Frau. Die kippte fast aus den Schuhen: »Während du unterwegs warst, hab ich auch unser Traumhaus gezeichnet!« Es sah fast genauso aus wie meines, nur seitenverkehrt. Wir trugen offensichtlich ein starkes Bild in uns, das uns motiviert hat. Dann haben wir nach so einer Immobilie gesucht und bei uns im Ort ein Haus gefunden, das fast so aussah wie unsere Zeichnungen. Das Beste daran: Das Objekt stand seit drei Jahren leer, denn so ein unglücklich verbautes Haus wollte keiner haben! Wir haben es gekauft, ausgebaut und wohnen seitdem glücklich und zufrieden darin.
Eine kraftvolle Vorstellung trägt die Power in sich, verwirklicht zu werden. In vielen Fällen stellt sich dabei heraus, dass das Bild schon Realität ist. Man muss nur noch zugreifen.

Zeigefinger-Ritual 7:

Legen Sie sich eine Mappe oder noch besser eine Pinnwand an, wo Sie kraftvolle, Ihnen wohltuende Bilder sammeln. Fotos, Reproduktionen von Kunstwerken, eigene Zeichnungen, kleine Objekte. Das können Bilder sein, die konkrete Wünsche enthalten (Auto, Reiseziel, Beruf) oder auch nur diffuse Ideen (so charmant sein wie Cary Grant, so geistreich wie Jane Austen). Vertrauen Sie darauf, dass diese Bilder Ihre inneren Kräfte stimulieren. Jedes Mal, wenn Ihr Blick auf Ihre Sammlung fällt, wachsen Ihre Energie und Ihr Mut.

C. G. Jung, der Begründer der analytischen Psychologie, hat einmal gesagt: »Wir leben nicht in einer Welt von Bildern, sondern eine Welt von Bildern lebt in uns.« Sie können sich darauf verlassen: Wenn Sie Zugang bekommen zu dieser Bilderwelt und ihr trauen, können Sie die Wirklichkeit verändern.

SAGEN SIE WENIGER »MÜSSEN«

Während meines Studiums war uns in unserer WG aufgefallen, wie sehr alle über ihr Studium jammerten – obwohl wir es uns doch alle, im Gegensatz zur Schule, selbst ausgesucht hatten. Besonders erstaunte uns dabei, wie viele unserer Sätze mit »ich muss« begannen. Wir beschlossen, das zu ändern, und eröffneten – Überbleibsel der Studentenrevolte – eine Umerziehungskasse: Wer das Wort »müssen« benutzte, zahlte zehn Pfennige in das Sparschwein. Es füllte sich anfangs recht schnell, doch im Lauf der Zeit wurden alle deutlich vorsichtiger in ihrer Wortwahl. Unser Denken veränderte sich durch das kleine Sprech-Ritual spürbar.

Zeigefinger-Ritual 8:

Beobachten Sie sich selbst, wie häufig Sie Sätze im Sklavenstil formulieren: »Ich muss jetzt noch beim Einwohnermeldeamt anrufen.« »Bis morgen muss ich das erledigen.« Spricht so ein freier Mensch? Es ist nur eine winzige Änderung, aber wie das kleine Ruder bei einem großen Schiff können Worte Ihre Persönlichkeit in eine neue Richtung lenken. »Ich werde jetzt noch beim Einwohnermeldeamt anrufen«, klingt gleich viel weniger anstrengend. »Bis morgen will ich das erledigen« – da ändert sich vermutlich gleichzeitig Ihre Körperhaltung: Sie stehen aufrecht und selbstbewusst wie Winnetou, nicht gekrümmt wie Sam Hawkens.

Sie können sich probeweise eine Woche lang das Wort »müssen« verkneifen. Das ist eine hilfreiche Übung, aber schwer durchzuhalten. Leichter geht's, wenn Sie es – wie wir damals in unserer WG – als Gruppenereignis gemeinsam probieren und einer die Wortwahl des anderen beobachtet: Aber bitte freundlich und mit viel Humor. Denn der Satz »Ich darf jetzt nicht mehr das Wort ›müssen‹ benutzen« wäre wieder – Sie haben es nach der Beschreibung dieses Rituals gleich gemerkt – ein Sklavensatz.

GEBEN SIE EINEN GRUND AN

Angenommen, Sie stehen in der Warteschlange Ihrer Postfiliale. Sie sind – weil Sie das Verfrühungsritual auf Seite 88/89 nicht durchgeführt haben – spät dran und brauchen nur eine kurze Auskunft. Daher möchten Sie die Menschen vor Ihnen bitten, Sie vorzulassen. Wie sollten Sie Ihre Bitte formulieren, damit man Ihrem Wunsch nachkommt? Glücklicherweise wurde auch das von fleißigen Forschern untersucht. Das Resultat: Höflichkeit, angenehme Ausstrahlung, das Wort »bitte«, ein gewinnendes Lächeln, ein Scherz – all das, so fanden die Experten heraus, ist nicht entscheidend.

Zeigefinger-Ritual 9:

In erster Linie kommt es darauf an, dass Sie einen Grund dafür angeben, warum man Ihnen einen Gefallen tun sollte. Menschen sind geradezu süchtig nach Begründungen. Das erstaunliche Resultat der Studie: Wie stichhaltig der Grund ist, spielt dabei eine untergeordnete Rolle. »Bitte lassen Sie mich vor, ich bin in einer Notlage«, sollte daher meistens schon funktionieren.

Es ist kaum zu fassen, wie oft gegen diesen simplen Grundsatz verstoßen wird. Eltern meinen, ihr Kind sollte grundsätzlich und grundlos gehorchen: »Geh nicht so nah ans Wasser!« Aber Kommunikation

klappt prinzipiell besser, wenn nicht nur barsche Befehle erteilt werden, sondern auch eine Begründung genannt wird: »Geh nicht so nah ans Wasser, der Steg ist rutschiger, als er aussieht.«
Die Deutsche Bahn und alle Fluglinien bemühen sich inzwischen bei Verspätungen, einen kurzen Grund anzugeben. Denn es hat sich herausgestellt, dass die Kunden dann weniger aggressiv reagieren. Wenn bei einer Begründung dagegen Fakten und am besten auch noch konkrete Zahlen genannt werden, ist der Erfolg fast garantiert. Die Idealformulierung in der Warteschlange lautet daher ungefähr so: »Bitte lassen Sie mich vor, ich muss spätestens um 17:30 Uhr mein Kind vom Kindergarten abholen und meine Frage dauert nur eine Minute.«

FRAGEN SIE NICHT »WARUM«

Sie haben einen Fehler gemacht. Sie sind sauer und ärgern sich über sich. »Warum bin ich auf diesen Idioten hereingefallen?« Sie forschen nach Ursachen. »Warum bin ich nicht früher darauf gekommen?« Sie bemitleiden sich selbst. »Warum gerade ich?« Sie hadern mit dem Schicksal.

Es ist nicht falsch, nach dem Grund zu fragen. Aber es bringt Sie selten weiter. Das gilt auch für falsche Entscheidungen von Gruppen oder ganzen Unternehmen. Mit dem Wort »warum« drehen sich alle im Hamsterrad der Vorwürfe, denn »warum« blickt in die Vergangenheit. Fürs Weiterkommen ist das ausgesprochen unproduktiv. Aus Fehlern lernen kann nur, wer den Blick nach vorne richtet.

Zeigefinger-Ritual 10:

Gewöhnen Sie sich an, in Gesprächsrunden, Meetings und vor allem auch Selbstgesprächen Ihre Frage leicht umzuformulieren. Fragen Sie: »Wozu?« Damit wechselt die Denkrichtung. »Wozu habe ich so danebengelegen?« – das lenkt den Blick in die Zukunft. Da wird sofort klar: Aus dieser Sache will und werde ich lernen.

Wenn Sie Fehler gemacht haben, lassen Sie die Situation nicht immer wieder wie einen Film vor sich ablaufen, sondern drehen Sie den Film neu. Schreiben Sie ein neues Drehbuch und spielen Sie Ihre Rolle besser, nach dem Motto »So werde ich mich das nächste Mal verhalten«. Geben Sie ihm einen Titel, besetzen Sie ihn mit Top-Schauspielern, mit hervorragender Kamera, bester Regie und versehen Sie ihn vor allem mit einem überzeugenden, positiven Schluss. Sehen Sie sich Ihren neuen Film vor Ihrem inneren Auge immer wieder an. Schluss mit Tipps für die Vergangenheit!

Die Formulierung Ihrer Fragen wird sich gar nicht groß verändern, aber mit dem Wozu-Blick bekommen sie ein anderes Gewicht. Die Frage nach dem Wozu verwandelt sogar einen Schicksalsschlag in eine Station auf einem zielgerichteten Weg. Aus einem Problem wird ein Wegweiser, aus einer Niederlage eine Strategie, aus dem Scheitern eine kraftvolle Vision. Aus Retro wird Zukunft.

DER DAUMEN

TUN SIE ETWAS!

Der Daumen ist anders. Wenn Sie Ihre Hand entspannt vor sich halten, steht der fünfte Finger fast rechtwinklig von den anderen vier ab. Er tanzt aus der Reihe und das macht ihn so unendlich wertvoll. Der Daumen hat uns die Kultur gebracht. Dank des Daumens können wir Menschen Werkzeuge machen und benutzen wie kein anderes Lebewesen: Gitarre spielen und Geige, Klavier und Harfe, Felder bestellen und Stoffe weben, bauen und backen, Kunstwerke erschaffen und Waffen.

Viele der bisherigen 40 Rituale beschäftigten sich mit Ihnen selbst. Sie haben an sich gearbeitet und sich verändert. Sie lächeln vielleicht ab jetzt regelmäßig beim Einschlafen. Sie besprechen sich bei wichtigen Entscheidungen mit Nelson Mandela. Sie halten inne, wenn das Essen vor Ihnen steht oder das Telefon klingelt, Sie haben eine Pinnwand mit Wunschfotos, eine blaue Schublade neben der Haustür, ein Mondgrundstück und eine Kiste mit Gelegenheitsgeschenken.

Spätestens ab hier geht es aber nicht mehr um Sie. Mit den letzten zehn Ritualen hebt sich Ihr Blick und Sie schauen auf die Menschen um Sie herum. Sie tun etwas für sie. Sie lieben, fühlen, handeln, umarmen, lachen, singen, weinen – für andere. Jetzt ist die Hand komplett. Jetzt wird sich nicht nur Ihr Leben verwandeln, sondern auch das Ihrer Umgebung. Ich träume davon, in einem Land zu leben, in dem alle Menschen die folgenden zehn Rituale regelmäßig voller Freude durchführen.

TUN SIE ETWAS GUTES

»Es gibt nichts Gutes, außer man tut es.« Dieser schöne Satz des Berliner Journalisten und Schriftstellers Kurt Tucholsky ist bis heute nicht widerlegt. Die Idee der »guten Tat« ist die Keimzelle einer riesigen Zahl von Initiativen in der ganzen Welt. Das Stichwort »gute Tat« im Internet zu suchen und den zahllosen Links zu folgen – das allein ist schon eine erfrischende Erfahrung: So viele Menschen sind aktiv, um anderen zu helfen und etwas gegen die allgemein spürbare Alles-wird-schlechter-Stimmung zu tun. Lassen Sie sich davon anstecken!

Daumen-Ritual 1:

Am besten Sie beschließen zu Beginn des Tages beim Zähneputzen, beim Frühstück oder spätestens beim Verlassen der Wohnung: »Ich will heute etwas Gutes tun.« In diesem Moment schaltet Ihre Aufmerksamkeit um: Sie sehen vorrangig nicht mehr die Fehler Ihrer Mitmenschen, die Ärgernisse des Alltags und die großen ungelösten Fragen der Weltpolitik, sondern die vielen kleinen Möglichkeiten, selbst positiv zu handeln. Das müssen keinesfalls immer große Taten sein – wie immer beginnt auch hier die Veränderung im Kleinen.

Wenn beim Autofahren jemand vor Ihnen schon lange aus der Seitenstraße einbiegen will, winken Sie

ihn vor sich hinein. Wenn an der Supermarktkasse jemand mit nur einer Packung Knäckebrot hinter Ihnen wartet, lassen Sie ihn vor. Erwarten Sie keine Lobeshymnen, sondern freuen Sie sich schon über ein kleines Lächeln. Und selbst wenn gar keine Reaktion erfolgt: Nehmen Sie das als Übung und wichtige Erkenntnis. Würden die Menschen nur gut handeln, um eine Belohnung zu erhalten, wäre die Idee der guten Tat schnell wieder am Ende.
Ein erfolgreicher Unternehmer hat mir erzählt, dass er in öffentlichen Toiletten grundsätzlich neben den Mülleimer geworfene Papierhandtücher aufhebt, mit seinem Handtuch den Wasserhahn trocken reibt und andere Aufgaben erledigt, die eigentlich Sache des Personals oder der Verursacher wären. »Ich tu es, weil es gut ist«, sagte er nur, »und weil es mir gut tut.« Dabei hat er so gestrahlt, dass ich mir vorgenommen habe, in seine Fußstapfen zu treten.

LEISTEN SIE SICH EIN »TROTZDEM«

»Die Menschen sind unvernünftig, uneinsichtig und ichbezogen. Liebe sie trotzdem. Wenn du Gutes tust, wird man glauben, du hättest Hintergedanken. Tue trotzdem Gutes.« Das sind die ersten zwei der »zehn paradoxen Gebote« des US-amerikanischen Rechtsanwalts Kent M. Keith. Als er 19 Jahre alt war, im Jahr 1968, schrieb er diese Lebensregeln, veröffentlichte sie in einer Broschüre über Schülervertretungen und hörte ein Vierteljahrhundert nichts mehr davon. Bis er erfuhr, dass seine zehn Gebote am Schwarzen Brett von Mutter Teresas Orden in Kalkutta hingen und seitdem weltweit zitiert wurden, allerdings ohne seinen Namen.
Nun hätte er als Anwalt nach guter US-Tradition sein Copyright einklagen und Geld fordern können.

Aber damit hätte er gegen seine eigenen Lebensregeln verstoßen. So beschloss er, Vorträge zu halten und ein Buch zu schreiben über die verblüffende Geschichte seines kleinen Textes.

Daumen-Ritual 2:

Finden Sie Ihre eigenen »paradoxen Gebote«, Ihre eigenen liebevollen Antworten auf die vielen negativen Botschaften Ihrer Umgebung. »Sie wird es mir nicht danken«, beantworten Sie mit: »Ich werde trotzdem nett zu ihr sein«. »Almosen bringen doch nichts«: Sie werden einen Freund trotzdem in einer Notlage finanziell unterstützen. Zum berühmten »Das ist doch nur ein Tropfen auf den heißen Stein«, sagen Sie: »Ich will trotzdem versuchen, ihn abzukühlen«. Denken Sie an die alte Fabel von den zwei Fröschen, die in große Behälter voller flüssiger Sahne fallen. Der eine ertrinkt sofort, weil er die Situation als hoffnungslos empfindet. Der andere aber sagt sich, dass kämpfen immer lohnt. Er strampelt unermüdlich, verwandelt dadurch die Flüssigkeit in Schlagsahne und kann sich retten.
Lernen Sie, mit Paradoxien zu leben, und seien Sie dankbar, dass Sie in der privilegierten Situation sind, sich ein »Trotzdem« für andere Menschen leisten zu können. Die Welt hat vielleicht wirklich keinen Sinn. Doch Sie können ihr mit Ihren vermeintlich kleinen guten Taten Sinn verleihen. Daumen hoch!

STEHEN SIE WIEDER AUF

Ein ehemaliger Alkoholiker erzählte mir, wie er mit der Versuchung fertig wird, wieder zur Flasche zu greifen. »Jetzt nicht«, sagt er in solchen Situationen zu sich, »vielleicht später«. Das ist viel klüger, als in diesem Moment an die große Wahrheit zu denken, dass er nie wieder in seinem Leben einen Tropfen Alkohol anrühren darf. »Wie haben Sie es überhaupt geschafft, mit der Sucht aufzuhören?«, fragte ich ihn. »Es gelang nicht aufs erste Mal«, antwortete er, »es gab immer wieder Rückschläge.« Doch nach jedem Scheitern sagte er sich: »Ich habe eine Schlacht verloren, aber nicht den Krieg.«

Daumen-Ritual 3:

Machen Sie sich die Sichtweise des Ex-Süchtigen zu eigen, wenn Sie Ihr Ziel nicht sofort erreichen und Rückschläge erfahren. Finden Sie sich damit ab, möglicherweise eine Schlacht zu verlieren. Das tut weh, zieht herunter, fordert Opfer. Aber nach dem Sturz stehen Sie wieder auf und wagen mutig einen neuen Versuch. Lernen Sie aus den Fehlern, die zum Scheitern geführt haben, und machen Sie es einfach beim nächsten Mal besser.

Ganz gleich, welches Ziel Sie erreichen möchten, meist verläuft der Fortschritt in einer typischen Kurve: Am Anfang erleben Sie eine relativ kurze

Phase des Fortschritts. Danach fallen Sie wieder etwas zurück auf ein niedrigeres Niveau. Auf diesem Plateau bleiben Sie oft lange Zeit. Es kommt Ihnen vor, als träten Sie auf der Stelle. Erst wenn Sie auf diesem Plateau kontinuierlich weiterüben, stellt sich neuer Fortschritt ein.

Das unterscheidet Spitzensportler, überragende Künstler oder erfolgreiche Manager vom Durchschnitt der Bevölkerung: Nach Phasen der Rückschläge und Erfolglosigkeit versuchen sie es noch einmal. Wo andere frustriert sind und aufgeben, machen sie unbeirrt weiter und beweisen ihren längeren Atem. Spitzenleute zeichnen sich also nicht vorrangig durch ihr Können aus, sondern durch ihren Umgang mit den Rückschlägen.

MEDITIEREN SIE EINEN GELDSCHEIN

»Geld macht nicht glücklich«, lautet eine alte Weisheit und der Literaturkritiker Marcel Reich-Ranicki ergänzte weise, »es ist aber besser, in einem Taxi zu weinen als in der Straßenbahn«. Viele Menschen meinen, Geld sei ein Tauschmittel, eine harmlose Recheneinheit zum leichteren Umgang mit Arbeitsleistung und Wareneinkauf. Aber das stimmt nicht. Geld hat immer und unweigerlich zu tun mit menschlicher Beziehung. Streng ökonomisch gesehen haben wir ein auf Schuld basierendes Geldsystem. Ständig schaffen Banken neues Geld, indem sie Kredite vergeben. Für jeden Euro, den Sie in Ihrem Geldbeutel oder auf Ihrem Konto als Guthaben besitzen, hat sich ein anderer Mensch in der gleichen Höhe

verschuldet. In der Regel benutzen wir Geld schnell. Wir bezahlen bar, Geldbeutel auf, Geld raus, Wechselgeld rein, schnell wieder zu. Oder per Karte – kurz leuchtet die Summe auf, Geheimnummer oder Unterschrift, Ausdruck, fertig. Als gäbe es eine heimliche Vereinbarung: Wer sich zu intensiv mit Geld befasst, gerät in den Bann des Materiellen.

Daumen-Ritual 4:

Nichts klärt das Verhältnis eines Menschen zum Thema Finanzen so gut wie das längere Betrachten eines Geldscheins. Nehmen Sie mindestens einen 50- oder 100-Euro-Schein, dann ist die Ehrfurcht größer. Wie lange müssen Sie dafür arbeiten? Wie lange andere Menschen, die Sie kennen? Wie glücklich wären Sie als Kind gewesen, so einen Schein zu besitzen? Wie unheimlich, wie vertraut, wie selbstverständlich ist er Ihnen heute oder wie viel Dankbarkeit können Sie momentan für den Besitz dieser Banknote empfinden?

Das sind nur erste Anregungen. Probieren Sie es selbst aus. Staunen Sie, welche Emotionen in Ihnen wach werden, wenn Sie länger bei einem so alltäglichen (und doch seltsam mysteriösen) Ding wie diesem Schein verweilen. Machen Sie sich keine Sorgen – verrückt oder geldgierig ist dabei noch niemand geworden. Im schlimmsten Fall kaufen Sie sich davon eine Taxifahrt und weinen.

SCHREIBEN SIE TAGEBUCH

Ein Musiker hat mir einmal erzählt, dass er auf Anregung seines Geigenlehrers jeden Abend das schönste Erlebnis des Tages in ein Tagebuch geschrieben hat. Genau das verlangte Vater Mendelssohn von seinen Kindern Fanny und Felix (der später ein berühmter Komponist wurde). So gelang es ihm, die Aufmerksamkeit der beiden auf das Positive im Leben zu richten. Von Felix Mendelssohn-Bartholdy sagt man, er sei einer der wenigen Komponisten, dessen Moll-Kompositionen immer auch Hoffnung vermitteln. Sein bekanntes Violinkonzert in e-Moll habe ich im MP3-Player meines Smartphones immer bei mir, wie eine Kopfwehtablette oder ein Pflaster. Es ist für mich das wirksamste Medikament gegen Traurigkeit und Durchhänger. Ohne Nebenwirkungen.

Daumen-Ritual 5:

Ein Tagebuch zu führen, ist eine seit Jahrhunderten bewährte Methode, um besseren Zugang zu sich selbst und den eigenen Wünschen zu bekommen. Sie müssen nicht viel schreiben, aber regelmäßig. Reservieren Sie sich eine Zeit am Tag, in der Sie kurz notieren, was in Ihnen vorgeht – am Abend, in der Mittagspause, in der Bahn auf dem Heimweg. Sie müssen sich dabei nicht an Vater Mendelssohns An-

weisung halten und dürfen auch Ihre Sorgen und inneren Kämpfe festhalten. Aber vergessen Sie nicht, die guten Erlebnisse und Fortschritte zu notieren. Sie werden merken, dass Sie durch den Schreibvorgang einen intensiveren Zugang zu sich selbst bekommen als durch bloßes Nachdenken. Denn Schreiben setzt eine Rückkopplung in Gang: Sie lesen, was Sie geschrieben haben, und nehmen es dadurch auf andere Weise wahr. Es erscheint klarer und wahrer, als wenn Sie es nur in Gedanken mit sich aus-gemacht hätten.

Wenn Sie später ältere Aufzeichnungen von sich lesen, sehen Sie, wie Sie sich weiterentwickelt haben. Sie werden dankbarer, bewusster, aktiver und glücklicher leben. Wenn Sie zuvor noch nie ein Tagebuch geführt haben, ist die positive Wirkung besonders spektakulär.

UMARMEN SIE IHREN PARTNER

»Liebling, wir müssen reden.« Wenn eine Frau das sagt, bringt das den Mann meist in Alarmstellung. Die US-Psychotherapeuten Patricia Love und Steven Stosny haben diesen Sachverhalt erforscht und sind zu einem eindeutigen Resultat gekommen: Einfach nur mehr miteinander zu reden, ist bei Eheproblemen kein guter Rat.

Wird ein Mann durch die Kritik seiner Frau beschämt, produziert sein Körper das Stresshormon Kortisol. Er fühlt sich unwohl, hat Herzklopfen, Schweißausbrüche, Bauchweh. Kritisiert umgekehrt ein Mann seine Frau, bleibt sie ruhig, denn Kortisol wird bei ihr in dieser Situation nicht ausgeschüttet. Der weibliche Körper-Seele-Apparat reagiert dagegen mit einer Kortisol-Flut, wenn der Mann sie anschreit, ignoriert, mit Worten verletzt oder ihr Angst macht.

Daumen-Ritual 6:

Das Gegenmittel für diese bei Mann und Frau so verschiedenen Stressauslöser heißt ganz einfach: Kontakt. Sowohl Angst als auch Scham beruhen auf der existenziellen Sorge, alleingelassen zu werden. »Wir müssen reden«, ist dabei keine Lösung, denn ein Mann beginnt ein Gespräch über ein heikles Thema nicht, wenn er ahnt, dass seine Frau genervt die Augen verdrehen wird. Eine Frau dagegen geht

einer Unterhaltung aus dem Weg, wenn sie mit einer aggressiven, ablehnenden oder völlig desinteressierten Reaktion ihres Mannes rechnen muss.

Also: Schaffen Sie Kontakt, bevor Sie reden. Berühren Sie sich, kuscheln Sie sich aneinander, geben Sie sich einen Kuss oder tun Sie etwas gemeinsam. Sie beide sollten das Gefühl größtmöglicher Geborgenheit und Sicherheit empfinden, dann passt es. So wird er nicht bloßgestellt und sie wird nicht bedroht. Stosnys Merkregel: »Hören Sie auf, eine Verbindung mit Worten erreichen zu wollen. Lassen Sie stattdessen Ihre Worte aus der Verbindung entstehen.« Der interessante Nebeneffekt: Sind Mann und Frau gut und ohne Worte miteinander verbunden, möchten Männer in der Regel mehr reden und Frauen weniger. Beide treffen sich dann irgendwo in der Mitte.

PFLEGEN SIE FREUNDSCHAFTEN

»Der beste Weg, einen Freund zu haben, ist der, selbst einer zu sein«, wusste schon der US-amerikanische Philosoph und Schriftsteller Ralph Waldo Emerson. Gute Freunde und Bekannte sind für ein zufriedenes Leben und als Altersvorsorge wichtiger als Geld. Gehen Sie daher bewusst auf Menschen zu, die Ihnen imponieren und mit denen Sie mehr zu tun haben möchten. Machen Sie sie zu Freunden. Nicht nur gleichaltrige, auch jüngere. Denken Sie ruhig auch ein wenig praktisch: Wenn Sie alt sind, sind jüngere Freunde ein Segen.

Daumen-Ritual 7:

Freundschaft ist eine höchst private Angelegenheit, die bedingungslose Diskretion erfordert. Was Sie

> **TIPP**
>
> ### SO BLEIBEN SIE DISKRET
> Etablieren Sie in Ihrem Freundeskreis eine Kultur der Diskretion. Sagen Sie über nicht anwesende Dritte nur das, was Sie diesen auch ins Gesicht sagen würden. Wenn Sie etwas über einen gemeinsamen Freund wissen wollen, fragen Sie ihn direkt, nicht jemand anderen.

von Freunden an Persönlichem erfahren, sollten Sie stets vertraulich behandeln. Auch dann, wenn die Weitergabe solcher Informationen Ihnen selbst im umgekehrten Fall nichts ausmachen würde.

Ein weiteres Geheimnis guter Freundschaft ist Distanz. Auch gute Freunde haben das Recht, sich voneinander abzugrenzen – zeitlich, räumlich, aber auch inhaltlich. Lassen Sie sich nicht für etwas einspannen, das Sie ablehnen.

Die wichtigste Zutat einer Freundschaft ist Humor. Jeder Mensch hat Schwächen und auch die besten Freunde treten einmal in ein Fettnäpfchen. Gehen Sie über kleine Irritationen hinweg. Lachen Sie über sich selbst – das ist die gesündere Art von Humor. Wenn Sie etwas wirklich gekränkt hat, sprechen Sie es aus und lassen Sie es dann gut sein. Die Botschaft lautet: Daumen hoch, wir bleiben Freunde!

SCHREIBEN SIE IHREN STAMMBAUM

Macht Ahnenforschung glücklich? Zunächst kostet es vor allem Zeit, nach den Eltern der Urgroßeltern und weiteren Vorfahren zu suchen. Aber nach den ersten Funden werden Sie eine tiefe Freude erfahren. Wissen über die Generationen vor Ihnen verstärkt Ihre Verwurzelung im Leben. Sie erfahren, wie viele Kriege, Krankheiten und Katastrophen die Menschen vor Ihnen überstanden haben – und werden dankbarer. Sie fühlen sich gestützt von der Kraft der vielen Menschen, deren lückenloser genetischer Tradition Sie Ihr Dasein verdanken. Die Ahnenforschung kann Ihr Leben einfacher und glücklicher machen. Sie bekommen Zugang zum größeren Gan-

TIPP

VERSÖHNEN SIE SICH

Der größte Schatz, den Sie hinterlassen können, sind geordnete Beziehungen. Vererben Sie keine vergrabenen Kriegsbeile, sondern versöhnen Sie sich mit Menschen, mit denen Sie in Unfrieden waren. Sie können nicht alle Animositäten und Feindschaften in Freundschaften verwandeln. Aber selbst wenn Sie nur mit einem Menschen wieder ins Reine kommen, beschenken Sie sich und Ihre Mitmenschen auf wertvollste Weise.

zen, dem Sie sich verdanken. Momentane Sorgen relativieren sich, sobald Sie ein wenig in historischen Dimensionen denken.

Daumen-Ritual 8:

Es kann für Ihre Nachkommen eines Tages wichtig werden, Wissen über die Vorfahren zu haben. An vieles erinnern sich nur noch Sie! Schreiben Sie auf, was Sie noch wissen über Ihre Eltern, Großeltern und andere Verwandte. Wenn Sie nicht schreiben wollen, sprechen Sie es mithilfe Ihres Computers auf eine Audio- oder Videodatei. Ihre Nachkommen werden es Ihnen eines Tages danken, auch wenn sie jetzt den Wert dieser Hinterlassenschaft noch gar nicht zu schätzen wissen.

STIFTEN SIE EINE KERZE

In fast jeder Kirche haben Sie die Möglichkeit, eine Opferkerze vor einem Altar oder einem Heiligenbild anzuzünden, um an einen anderen Menschen zu denken. Ich staune immer wieder, wie viele Menschen das nutzen. Der Brauch, einem hilfsbedürftigen Menschen mit dem Symbol des Lichts Kraft zu senden, ist älter als alle christlichen Traditionen. Mit der Platzierung des Lichts in einem heiligen Raum gibt man die Sorge um den kranken oder unglücklichen Mitmenschen weiter an eine größere Kraft.

Daumen-Ritual 9:

Nutzen Sie den Brauch mit der Opferkerze auch, um dem Betroffenen das mitzuteilen. »Ich habe eine Kerze für dich angezündet«, ist ein wundervoll

tröstlicher Satz, über den sich auch die freuen, die mit Glauben und Kirche wenig anfangen können.
In der Kirche so eine Kerze für 50 Cent oder einen Euro zu kaufen und zu entzünden, ist auch eine heilsame Übung für Sie selbst. Denn Ihre innere Aufmerksamkeit richtet sich dadurch auf Menschen, denen es schlechter geht als Ihnen. Damit trainieren Sie Ihren »Geistesmuskel« des Mitgefühls.
Auch auf Gräbern stehen oft Lichthäuschen, in denen Sie eine Kerze aufstellen können. Es tut gut, etwas mitzubringen, das Sie am Grab lassen können, denn es schafft eine Verbindung zwischen der Welt der Lebenden und der Welt der Toten. Sagen Sie beim Anzünden der Kerze: »Ich gebe dir einen guten Platz in meinem Herzen.«
Ein Besuch auf dem Friedhof muss nicht lange dauern, denn es zählt nicht die Zeit, die Sie am Grab verbringen, sondern vor allem die gute Wirkung danach. Gehen Sie bewusst vom Grab weg. Machen Sie sich klar, dass die Toten auf dem Friedhof bleiben dürfen, statt weiter in Ihrem Leben herumzuspuken. Achten Sie das kluge alte Gesetz der Toten, das lautet: »Es darf vorbei sein.«
Genießen Sie es, langsam wieder in den Alltag zurückkehren zu können, und freuen Sie sich über Ihr Leben. So kann der Besuch an einem Grab sogar von einer lästigen Pflicht zu einer guten, Mut machenden Kraftquelle werden.

LIEBEN SIE IHR ALTER

Eine über 70 Jahre alte Dame sagte mir einmal lächelnd: »Was Sie hier sehen, ist nur mein Körper. In meiner Seele ist die lebenslustige 20-Jährige noch genauso lebendig wie die 40-Jährige berufstätige Powerfrau und all die anderen Stadien meines Lebens.« Das hat mir imponiert, und ich habe auf der Stelle beschlossen, mich für keine noch so dämliche Phase in meiner Entwicklung zu schämen. Auf vielen Gebieten bin ich froh, mich weiterentwickelt zu haben. Aber meine Begeisterung für die Platte »Sergeant Peppers Lonely Hearts Club Band« von den Beatles, als ich gerade 14 wurde, ist in den Neuronen meines Langzeitgedächtnisses für alle Zeiten gespeichert – und ich bin froh, auch heute noch auf diese Gefühle zurückgreifen zu können. Sozusagen Power aus der Vergangenheit.

Vielleicht lesen Sie dieses Büchlein, weil Sie mit Ihren 28, 35 oder 42 Jahren momentan gerade ziemlich unzufrieden sind. Sie hoffen, dass sie bald vorbeigehen und in 10 Jahren alles besser sein wird. Sie beziehen Kraft aus der Zukunft.

Daumen-Ritual 10:

Stehen Sie zu Ihrem Alter. Sehen Sie aufrecht nach vorn und dankbar zurück. Aber lösen Sie sich von Zahlen. Vergleichen Sie sich nicht mit Älteren, Jüngeren, Gleichaltrigen. Das Alter Ihres Körpers ist nur ein Aspekt Ihres wahren Alters. In Ihnen ist immer noch der 20-Jährige, die 30-Jährige und all die anderen. Behalten Sie das Beste von allen, sehen Sie sich als Gesamtkunstwerk, als geistiges Wunderwerk, das den Gesetzen der Zeit tapfer trotzt.

Wenn Sie es schaffen, guten Kontakt zu Ihrem inneren Teenie, Twen und all den anderen zu haben, und immer die Zukunft mehr lieben als die Vergangenheit, dann gehören Sie nie zum alten Eisen. Der Titel dieses Büchleins verspricht Ihnen außerdem: Eine Handvoll Glück werden Sie immer besitzen.

BÜCHER UND ADRESSEN, DIE WEITERHELFEN

Seite 40 Wenn Sie professionelle Hilfe beim Aufräumen von Büroräumen benötigen, empfehle ich gern Jürgen Kurz und seine Methode Büro-Kaizen. Mehr dazu auf seiner Website: www.fuer-immer-aufgeraeumt.de

Seite 64 Mehr Mini-Fitness-Übungen gibt es bei: Gert und Marlen von Kunhardt: Keine Zeit und trotzdem fit: Minutentraining für Vielbeschäftigte. Campus Verlag, 2007.

Seite 86 Weitere Tipps für einen guten Schlaf bietet Jürgen Zulley: Mein Buch vom guten Schlaf: Endlich wieder richtig schlafen. Goldmann Taschenbuch, 2010.

Seite 94 Das polynesische Selbstgespräch mit Aku-Aku kenne ich aus: Thor Heyerdahl: Auf Adams Spuren: Das Abenteuer meines Lebens. Ullstein Taschenbuch, 2001.

Seite 100 Die Grundidee für diesen Tipp verdanke ich: Rolf Dobelli: Die Kunst des klugen Handelns: 52 Irrwege, die Sie besser anderen überlassen. Hanser Verlag 2012.

Seite 108 Die paradoxen Gebote als Buch: Kent M. Keith: anyway. Irisiana Verlag 2013.

DER AUTOR

Werner Tiki Küstenmacher, Jahrgang 1953, ist verheiratet mit der Autorin Marion Küstenmacher. Die beiden haben drei Kinder und wohnen in Gröbenzell bei München. Tiki ist gelernter evangelischer Pfarrer (seit 2006 im Ehrenamt) und Journalist. Außerdem ist er seit seiner Kindheit ununterbrochen als Karikaturist tätig. Bis heute hat er über 100 Bücher veröffentlicht, u. a. auch den Weltbestseller »simplify your life – einfacher und glücklicher leben«. Tiki gehört zu den 100 meistgebuchten Rednern in Deutschland und ist der einzige Referent, der seine Vorträge mit live gezeichneten Cartoons untermalt. 2009 wurde er in die »Hall of Fame« der German Speakers Association aufgenommen. Er ist regelmäßiger Mitarbeiter des Bayerischen Rundfunks und des ZDF.

IMPRESSUM

© 2013 GRÄFE UND UNZER
VERLAG GmbH, München

Alle Rechte vorbehalten. Nachdruck, auch auszugsweise, sowie Verbreitung durch Bild, Funk, Fernsehen und Internet, durch fotomechanische Wiedergabe, Tonträger und Datenverarbeitungssysteme jeder Art nur mit schriftlicher Genehmigung des Verlags.

Projektleitung: Annette Hartwig
Lektorat: Ulrike Schöber, Dortmund
Covergestaltung und Layout: independent Medien-Design, Horst Moser, München
Illustrationen: Werner Tiki Küstenmacher
Herstellung: Sigrid Frank
Satz: Marion Feldmann
Repro: Longo, Bozen
Printed in China

ISBN 978-3-8338-2876-8
1. Auflage 2013

 www.facebook.com/gu.verlag

Ein Unternehmen der
GANSKE VERLAGSGRUPPE

DIE GU-QUALITÄTS-GARANTIE

Liebe Leserin, lieber Leser,
wir möchten Ihnen mit den Informationen und Anregungen in diesem Buch das Leben erleichtern und Sie inspirieren, Neues auszuprobieren. Alle Informationen werden von unseren Autoren gewissenhaft erstellt und von unseren Redakteuren sorgfältig ausgewählt und mehrfach geprüft. Deshalb bieten wir Ihnen eine 100 %ige Qualitätsgarantie. Sollten wir mit diesem Buch Ihre Erwartungen nicht erfüllen, lassen Sie es uns bitte wissen. Sie erhalten von uns kostenlos einen Ratgeber zum gleichen oder ähnlichen Thema.
Wir freuen uns auf Ihre Rückmeldung, auf Lob, Kritik und Anregungen, damit wir für Sie immer besser werden können.

GRÄFE UND UNZER Verlag
Leserservice
Postfach 86 03 13
81630 München
E-Mail:
leserservice@graefe-und-unzer.de

Telefon: 0800 – 723 73 33*
Telefax: 0800 – 501 20 54*
Mo–Do: 8.00–18.00 Uhr
Fr: 8.00–16.00 Uhr
(* gebührenfrei in Deutschland)

Ihr GRÄFE UND UNZER Verlag
Der erste Ratgeberverlag – seit 1722.